맨얼굴의
예 수

맨얼굴의 예수
김용민, 인간 예수를 좇다
© 김용민, 2013

초판 1쇄 펴낸날 2013년 11월 20일

지은이 김용민
펴낸이 이건복
펴낸곳 도서출판 동녘

전무 정락윤
주간 곽종구
책임편집 현의영 이정신
편집 구형민 윤현아 조유나
미술 조하늘 고영선
영업 김진규 조현수
관리 서숙희 장하나 김영옥

인쇄·제본 영신사 **라미네이팅** 북웨어 **종이** 한서지업사

등록 제311-1980-01호 1980년 3월 25일
주소 (413-120) 경기도 파주시 회동길 77-26
전화 영업 031-955-3000 편집 031-955-3005 **전송** 031-955-3009
블로그 www.dongnyok.com **전자우편** editor@dongnyok.com

ISBN 978-89-7297-701-8 03300

- 잘못 만들어진 책은 바꿔 드립니다.
- 책값은 뒤표지에 쓰여 있습니다.
- 이 도서의 국립중앙도서관 출판시도서목록(CIP)은 서지정보유통지원시스템 홈페이지(http://seoji.nl.go.kr)와 국가자료공동목록시스템(http://www.nl.go.kr/kolisnet)에서 이용하실 수 있습니다.(CIP제어번호: CIP2013023029)

맨얼굴의
예 수

김용민 지음

김용민,
인간
예수를
좇다

동녘

일러두기

1 이 책의 성서 인용 부분은 〈대한성서공회 공동번역 개정판〉을 따랐으나, 맞춤법 및 띄어쓰기는 '한글맞춤법'에 따라 본문과 통일하였고, 인명과 지명 등의 단어는 개신교의 용례를 따랐습니다(예: 하느님➡하나님, 갈릴래아➡갈릴리, 카이사르➡가이사 등).
2 인용한 문장의 맞춤법 및 띄어쓰기는 본문과 통일하였습니다.
3 외래어는 '국립국어원 외래어 표기법'과 '두산동아대백과사전'에 따라 표기했습니다.
4 이 책에 인용한 시는 한국문예학술저작권협회와 출판권을 가진 출판사, 시인 본인을 통해 저작권 동의를 얻어 수록했습니다. 출간 당시 저작권자 확인이 안 되어 허가를 받지 못한 작품은 추후 확인이 되는 대로 해당 저작권자의 동의를 얻겠습니다.

변辯

프롤로그

사람은 종교적 동물이다. 철저하게 무신론자임을 자처하는 이들도 신이 아닌 다른 믿음의 대상이 반드시 있다. 하다못해 지식이나 학벌, 재산 아울러 자존심 등이 그 대상일 수 있다. 스스로 온전하게 서기란 쉽지 않은 게 인간이다. 정호승의 시 〈외로우니까 사람이다〉가 괜히 나온 시가 아니리라.

나 역시 별 수 없는 사람이다. 나를 아는 이들은 내가 종교인임을 모르지 않을 것이다. 목회자인 부친 밑에서 학교와 교회 밖에 모르던 미성년 시기를 거쳐 신학 대학과 기독교계 방송사로 이어지기까지 나는 종교적이지는 못해도 적어도 종교가 일상이었던 삶을 살았다. 그러다가 보수 개신교계와 정면으로 부딪히며 이격離隔됐고, 지금은 그들과 대척점에 서 있다. 그럼에도 나는 예수의 그림자를 벗어나지는 않았다. 철저하게 신앙의 대상이었던 예수는, 이제 나에게 사회 변혁의 핵심적 동인이 됐다. 나의 관심사는 일상이나 학업 성적, 진학, 취업, 성공, 투쟁 등으로 다변화됐지만 예수는 늘 판단의 준거가 됐다. (그렇다고 해서 내가 예수처럼 살았다는 이야기는 아니다.)

자의반 타의반, 체험반 관성반으로 늘 의식하며 살았던 2,000년 전의 갈릴리 청년 예수를 이제 불혹의 나이에 이르기 전 30대의 가슴으로 만나보고 싶다는 구도求道의 열망이 이 글을 쓰게 된 동기라고 볼 수 있다. 물론, 성서에 나타난 많은 기적의 기사들을 명쾌히 해석하기에는 체험적인 면이나 신학적인 바탕이 너무나 미천하다는 것을 절감하고 있지만 말이다. 그는 남은 인생에서도 여전히 의지해야 할 사람인가. 아니면 이제는 털고 잊어도 될, 니체가 말한 '나귀' 같은 존재인가. 이 질문을 진지하게 던져 보려고 한다. 꼭 답이 있을 필요는 없다. 수학 문제처럼 한 순간에 풀릴 리 없는 논제일 테니.

신학 대학에 들어가면 그해에는 목사가, 2학년 땐 집사, 3학년 땐 평신도, 4학년 땐 무신론자가 된다고 한다. 공감한다. 여러 이유가 있겠지만 학문의 깊이가 더할수록 신에 대한 인식의 거품이 빠지기 때문일 것이다. 이런 농담에 한마디 더 추가한다. '하지만 신학 대학을 졸업하고 얼마 뒤 목사가 된다. 그것도 아주 보수적인.'

신학을 통해 신을 회의할 만큼 회의하며 기성 교회를 비웃다가 그 자신이 목사가 되고 난 뒤에는 기성 교회 목사의 노정을 그대로 걷는 것이다. 그러면서 성서에는 일점일획도 오류가 없고, 심지어 영감까지 있다고 강조한다. 출석이나 봉헌 또는 교회 봉사를 하지 않으면 무슨 대역죄를 저지른 양, 지옥에 갈 것처럼 교인들에게 죄의식과 공포감을 불어넣는다. 결국 신을 빙자한 종교 산업의 종사자가 되는 것이다.

물론 모두가 그런 것은 아니다. 보수 교단에서 목회를 하다가 한순간에 주류 기독교의 배타성과 독선을 비판하며 교회 밖으로 나선 류상태 같은 이도 있다. 류상태의 선택은 옳았나. 쉽게 단정할 수 없다. 확실한 것은 성서와 기독교 교리의 시시비비를 가리는 일을 게을리해서는 안 된다는 것이다. 시시비비를 가리는 두뇌 역시 하나님의 산물이다. 그런 의미에서 자신을 마음껏 회의하게 만들도록 나를 신학 대학에 보낸 신의 섭리를 돌아보게 된다. 우선 지성과 기독교 신앙이 충돌하는 첫 지점, 성경의 모든 내용에는 오류가 없다는 '성서무오설聖書無誤說'을 짚어 봐야 한다.

권연경 숭실대학교 교수는 "성경의 권위는 존중되어야 하지만, 이 권위가 건강한 영적 상상력을 억압하는 것은 불행한 일이다. 율법이 그런 식으로 고착화되었을 때 바울은 그것을 '글자 나부랭이'라고 불렀다(로마서 2장, 고린도후서 3장). 그렇다면 오늘 우리에게 성경은 어떤가? "진리가 너희를 자유케 하리라"라고 주님은 말씀하셨지만(요한복음 8장 32절), 혹 우리가 가진 진리가 '비위 맞추기 어려운 주인'은 아닌가? 성경에 대한 나의 열정은 회심한 바울의 열정인가 아니면 바리새인 사울의 열정인가?"라고 했다.

　기독교 역사를 체계화한 것으로 알려진 아우구스티누스는 "성령의 지배하에서 성경을 기록한 원저자들은 절대로 오류를 범하지 않았다. 물론 성경에는 나를 당황하게 만드는 경우가 있다. 이럴 때 나는 그와 같은 내용은 번역과 복사의 과정에서 일어난 실수이거나 아직 내가 다 깨닫지 못한 데서 오는 혼란이라고 주저하지 않고 인정한다"라고 했다. 사실 우리가 손에 들고 보는 성경은 원본이 아니다. 거슬러 올라가 보자. 당시는 종이나 펜이 없던 시절이다. 그런데 누군가 이것을 옮겨 적었다. 그리고 옮겨 적은 것을 다시 옮겨 적었다. 이것은 고어체인 데다 온전하지 않아 잘리거나 훼손된 부분도 적지 않다. 아직 발견되지 않은 것들도 수두룩하다. 게다가 종말론이 강한 시기에는 세상이 곧 멸망하는데 기록이 무슨 의미가 있느냐고 여기는 이들도 적지 않았으니 신의 역사, 예수의 행적과 발언이 남김없이 기록됐으리란 보장도 없다. 이렇게 해서 모인 파편의 문서들을 교리적 이유와 정치적 맥락을 섞어서 신학자들이 구약 성서 39권과 신약 성서 27권, 합해서 66권으로 추리게 된 것이다. 이것은 또 세계 여러 나라말로 번역됐다. 언어가 다르니 해석도 다양할 수밖에 없다. 이것이 성경의 본질이다. 이런 상황에서 지금 우리가 들고 있는 성경이 오류 없는 신의 뜻 그대로라고 볼 수 있을까.

　성서무오설로 근본주의와 복음주의가 갈렸다고 해도 과언

이 아니다. 근본주의는 영어로 '펀더멘털리즘Fundamentalism'이다. 흥미로운 부분은, 테러를 일삼는 이슬람 원리주의 역시 같은 펀더멘털리즘으로 통한다는 것이다. (이슬람 원리주의자들은 폭탄 테러를 한다. 기독교 근본주의를 지지하는 미국 신보수주의자들은 미사일 공격을 일삼는다. 근본주의와 원리주의는 폭탄과 미사일의 차이 정도다.) 한마디로 말해 극단주의다. 그들은 성서를 해석할 때 성서의 글자 하나도 오류가 없다는 성서무오설을 지지하고, 한술 더 떠 그 글자 하나하나에 영감까지 담긴다는 축자영감설逐字靈感說도 제기한다. 성서를 존중한다는 취지로 성서에 묻은 인간의 때까지 하나님의 손길로 오도한다. 수긍 못 할 일이다.

반면 복음주의는 무오성Inerrancy 대신 불오성Infallibility을 강조한다. 무오성이란 성서의 내용에 한 치의 오류도 없다는 것이다. 반면 불오성은 성서의 오류를 인정할 여지를 둔다. 성서가 성령의 영감을 받아 기록된 것은 맞긴 하나, 기록한 사람의 개인적 관점이나 역사적 환경 즉 특정한 맥락 안에서 이루어졌다고 보는 것이다. 그러니까 성서가 신에 대한 믿음으로써는 진리일 수 있으나, 기록되는 과정에서 시대 상황의 여파를 입기에 오류가 있을 수 있다는 말이다. 따라서 신에 대한 믿음과, 그 기록 속에 녹아 있는 맥락Context을 고려해야 한다는 것이다.

그렇다면 성서를 이해하는 올바른 방법은 무엇일까? 도올 김용옥의 이 말에 주목한다. "예수님의 말씀을 직접 해후하기 위해서는, 그 말씀을 드러내기 위해 동원한 모든 언어적 표현에 우리는 기만당하지 말아야 한다. 복음서의 핵심은 예수님의 말씀에 있다. 그 말씀은 맥락이 사라진 내러티브적 콘텍스트나 드라마적 구성에 있지 아니한 것이다. 예수님의 말씀과 만나기 위해서는 우리는 언어를 계속 초월해야 한다. 그러나 우리가 만나는 성서는 인간의 언어로 구성돼 있다. 따라서 우리는 언어를 통해 끊임없이 언어를 벗어나야 한다. 그래야만 우리는 성령과 해후할 수 있게 되는 것이다."

여전히 많은 기독교인은 예수가 초월자이자 능력자라는 이유로 믿는다. 처녀의 몸에서 나오고, 지체 장애인의 병을 치유하고, 피가 잘 멈추지 않는 병을 가진 이의 아픔을 멎게 하고, '미치광이'라 불리는 이를 지배하던 사탄을 몸 밖으로 꺼내고, 시각 장애인을 암흑에서 해방하고, 빵 다섯 개와 물고기 두 마리로 군중 5천여 명을 배불리 먹이고, 바다 위를 땅처럼 태연히 걸어 다니고, 죽은 아이를 살리고, 심지어 죽고서도 3일 만에 되살아나고, 승천했기 때문에 믿는다는 것이다. 그러나 이것이 예수 진면목이라고 생각하는 것은 큰 오류다.

이 책에서는 뼈대와 족보를 따지지 않고, 이적異蹟과 기사奇事 또한 '무조건 믿고 볼 일'이라는 짐작을 배제할 생각이다. 이 책을 쓴 이유는 역사적 예수를 기초로 그의 본질에 가까이 다가가기 위해서다. 그러면 감동과 영성이 줄어들까? 그렇지 않으리라 본다. 갈릴리에서 정의와 사랑을 실현한 혁명가로서의 그의 발자취, 그리고 진정성을 만나는 데에 민낯이면 어떠할까.

그렇다면 어떤 텍스트를 근거로 할 것인가. 2,000년 전 사실을 조명할 근거는 유일하게도 성서다. 예수의 삶을 다룬 것으로 네 개의 복음서가 있다. 네 개 복음서인 〈마태복음〉, 〈마가복음〉, 〈누가복음〉, 〈요한복음〉에는 공통된 부분이 적지 않다. 물론 차이도 상당하다. 〈마가복음〉과 〈요한복음〉에는 없는, 예수의 혈통과 관련한 내용이 〈마태복음〉과 〈누가복음〉에 담겨 있다. 예수가 특별한 곳, 그러니까 다윗이 태어난 베들레헴에서 태어났다는 점을 강조한 부분이 그렇다. 이스라엘 사회는 혈통을 중시하는 사회였다. 당시 이스라엘에서 가장 자랑스러운 조상은 바로 아브라함과 다윗이었고, 이 가운데 높은 평가를 받는 인물이 다윗이었다. 이 때문에 다윗의 혈통과 유명세를 예수에게 잇기 위해 예수의 정확한 고향을 알지 못하면서도 예수가 다윗이 탄생한 베들레헴에서 태어났다고 무리하게 윤색을 했다는 시비가 있다. 예수가 메시아임의 근거로 다윗의 혈통을 가져왔다는 것이다.

예수 혈통과 관련된 논란의 진원지는 〈마태복음〉과 〈누가복음〉에 언급된 예수 계보도다. 김영한 숭실대학교 기독교학과 교수에 따르면 유대 사회는 어떤 사람을 언급할 때에 그 사람의 아버지, 할아버지 등 직계 혹은 방계의 몇 대를 언급하는 관습이 있었다고 한다. 복음서에도 이 관습이 남아 있는데 〈마태복음〉은 예수가 다윗의 28대, 〈누가복음〉은 43대라고 말한다. 28대와 43대라는 차이는 작은 오차가 아니다. 또 〈누가복음〉에는 황제 옥타비아누스가 예수 탄생 즈음인 기원전 4년경 호구 조사를 명령했다고 나와 있지만, 당시에는 호구 조사가 없었다는 얘기도 있다. '지어낸 이야기'라는 의혹은 더 커진다.

헤롯이 동방박사 세 사람의 말을 듣고 예수의 탄생이 두려워 갓 태어난 아기들을 살해했다는 이야기도 의심쩍다. 역사적 사실로 설명하기에 뒷받침할 만한 근거가 없다는 것이다. 게다가 이 족보에는 놀랍게도 비정상적이거나 부끄러운 가족사가 고스란히 폭로되어 있다. 이들이 모두 예수의 조상이라면 시아버지의 씨를 받아 임신한 여성, 전직 성매매 여성, 권력자에 의해 성폭행을 당한 여성도 가족의 일원인 셈이다. 성서에 나와 있다는 이유만으로 우리는 이런 주장이 일점일획도 틀림없다고 믿어야 할까. 그렇다면 신은 인간에게 이런 고민을 촉발케 하는 지성과 양심이라는 거추장스러운 것을 왜 부여한 것일까.

이 정도는 약과다. '동정녀 탄생, 예수의 갖은 이적, 부활과 승천'은 신앙 고백(사도 신경)의 대상이다. 이것을 믿는다고 고백하지 않으면 온전한 신앙인으로 대접받기 힘들다. 그래서 신학자들은 역사적 예수, 즉 확인된 사실로서의 예수를 살펴보면 성경에 낀 거품을 발견할 수 있을 것이라고 생각했다. 17세기 독일의 헤르만 라이마루스, 19세기의 알베르트 슈바이처, 20세기의 빌리암 브레데 그리고 루돌프 불트만이 대표적이다. 이 중 주목할 인물은 슈바이처와 브레데다. 슈바이처는 "예수는 스스로 메시아라고 생각했지만 뜻을 이루지 못했다"라는 주장을 했으니,

이는 곧 승천은 물론 부활조차 믿지 않았다는 설명이다. 브레데는 조금 달랐다. 그는 유대 민족이 종말론에 치우쳐 예수를 죽지 않고 살아난 존재로 신화화했다고 주장했다. 아울러 예수는 스스로 신으로 추앙받기를 바라지 않았다고 말한다. 물론 성경에는 일점일획도 그릇됨이 없다고 믿는 보수 신학자들이 보기에 이 둘은 매한가지 이단이리라.

역사적 예수를 알기 위한 신학자의 노정은 쉽지 않았다. 고고학과 역사학을 총동원해도 1,000년이 넘은 역사의 현장과 사실을 성서와 비교한다는 것은 한계에 봉착할 수밖에 없기 때문이다. 이에 루돌프 불트만은 낙담했고, '가능하지 않은 일'이라며 연구 의욕을 접었다. 그런데 놀라운 일이 발생했다. 〈마가복음〉보다 20년 먼저 집필된 것으로 추정되는 고문서가 1945년 이집트에서 발견된 것이다. 이는 1977년에 영역본으로 세상에 모습을 드러낸다. '자료'라는 의미의 독일어 'Quelle'에서 따와 학자들은 이를 'Q복음서'라고 불렀고, 더러는 '도마복음'으로도 칭했다. 그런데 주목할 점이 있다. 이 〈Q복음서〉에서는 예수의 기적이나 부활과 같은 신적인 모습은 찾기 힘들고, 당대에 팽배했던 종말론도 종적을 찾기 힘들다는 것이다. 그렇다면 역사적 예수를 발견하기 위한 재시도의 여건은 충족된 것일까. 이와 관련해 한국에서 처음 〈Q복음서〉로 논문을 쓴 민중신학자 김명수 경성대학교 신학과 교수는 "〈Q복음서〉에 부활이 없는 이유는 부활을 부정하는 게 아니라, 그 공동체가 부활보다는 예수의 삶과 가르침 그 자체에 더 큰 의미를 두었기 때문"이라며, 〈Q복음서〉만을 근거로 신으로서의 예수가 거짓이라고 평가하는 것은 왜곡된 것이라고 설명한다. 더불어 〈Q복음서〉가 갖는 의미와 가치에 대한 평가는 극단으로 갈린다. 교회 안에서는 정경 외 자료는 위경으로 격하한다. 정경이란 구약 성경과 신약 성경을 아울러 이르는 말이며, 위경이란 출처가 확실하지 않아 성경에 수록되지 않은 30여 편의 문헌을 말한다. 위경으로 평가되는 〈Q복음서〉 안에서 예수의 민낯을 만날 수 있을까. 유보하게 된다.

그래서 선택한 것이 〈마가복음〉이다. 브레데의 〈마가복음〉 서평을 보자. "동정녀에게서 예수가 나왔다는 기사가 없고, 이적은 언급되지만 '능력자'로서의 예수를 부각하지 않았고, 예수의 부활을 기록한 부분에는 어색한 가필의 흔적이 있었다"라는 것이다. 엄밀히 말하자면, 네 개 복음서 가운데 '거품'이 덜 끼었다는 것이다. 게다가 성서학자들 사이에 상당 부분 견해 일치를 본 것은 〈마가복음〉이 먼저 나왔고, 뒤를 이어 마태와 누가가 〈마가복음〉을 기초로 복음서를 썼다는 점이다. 그래서 〈마가복음〉은 예수와 관련한 사실에 상대적으로 근접할 것이라는 추정이 가능하다.

그런데 마가는 베드로를 통역으로 도왔던 이다. 베드로가 마가를 양아들로 부를 정도였다. 마가는 예수가 베푼 '최후의 만찬'이 이뤄졌던 집의 주인 아들로 전해진다. 또 오순절 전에 제자들이 모여서 기도한 '마가의 다락방'의 주인이기도 했다. 마가는 이후에도 제자들의 거점으로 집을 제공했다. 만약 성서가 한 편의 영화라면 마지막 크레딧 부분에서 '장소 제공: 마가'라고 박혔으리라. 마가는 베드로를 수행하는 내내 예수와 연관된 사건과 발언을 전해 들었을 것이다. 마가는 또한 에베소 감옥에 갇혀 있을 때 바울과 가까이 지냈다. (여담이다. 예수가 바울보다 앞선 인물이지만, 예수의 일생을 상세히 그린 복음서보다 바울의 서신이 앞서 저술됐다.)

그렇다면 최초의 복음서 〈마가복음〉은 예수의 제자들이 전했던 예수의 일화를 잘 엮어 만든 것으로 추정할 수 있다. 그러나 이 복음서에는 바울이 자주 쓰는 낱말이나 소재가 빈약하고, 바울의 사상도 잘 드러나지 않는다. 〈마가복음〉에 가필과 윤색이 있었다는 해석에 비추어 볼 때, 이 복음서의 참 저자가 마가인지 알 수 없다는 이야기도 있다. 아울러 어디서 썼는지, 언제 썼는지도 불분명하다.

사실 이해할 여지는 있다. 당시에 글을 쓰고 읽는 것은 극소수의 선택받은 이만 누릴 수 있는 권리였다. 게다가 모든 책은 양가죽이나 파피루스 또는 그릇에 각인하는 방식으로 만들어졌기 때문에 쉽게 만들 수 없었다. 또한 예수가 어울린 사람들은 주로 갈릴리 농어촌 마을 사람들이었다. 무지했던 갈릴리 사람들이 글을 썼을 거라고 예상하기는 어렵다. 여기에 더해 초대교회 교인들은 정치권력에 의해 박해를 견뎌야 할 처지였다. 모임이 쉽지 않은데 '증거'가 될 문서를 남긴다는 것은 스스로 위

힘을 떠안는 격이다. 당시는 '종말론'이 맹위를 떨치던 때이기도 했다. 기록을 하는 것은 후대에 교훈을 전하기 위해서인데 곧 세상이 망한다고 믿는 상황에서 그런 필요를 느꼈을 리 없다.

마가의 복음서에는 쟁점이 될 수 있을 예수의 이적도 적지 않다. 부분적으로 가필의 흔적도 역력하다. 그러나 저간의 흐름에서 보면 '고난받는 하나님의 아들'에 방점이 있다. 패배이자 멸망으로 규정될 예수의 죽음의 과정을 누구보다도 상세히 그린 마가는, 그의 죽음이 실은 승리이자 생명의 힘이라는 것을 깨달았다. 게다가 그의 눈에 비친 예수는 가난하고 못 배우고 연약한 이들을 치유하고 다독였으며, 그들의 비극적 최후까지 함께 한 친구이기도 했다. 마가의 생각과 내 시각이 공유되는 지점이다. 이제 마가의 힘을 빌어 예수를 만나려 한다. 신의 형상과 권위를 모두 버린 갈릴리 청년 그대로의 모습으로.

2013년 가을
김용민

프롤로그: 변(辯)   5

1. 예수를 위한 조연, 요한
   인류를 위한 조연, 예수
   마가복음 1:1~9   20

2. 가난한 동네로 간 예수
   마가복음 1:14~15   29

3. 예수 이적 사건의 의미
   마가복음 1:16~28   42

4. 율법보다 중요한 것
   마가복음 2:16~28   56

5. 비유를 통해 자유를 찾다
   마가복음 4:26~34   70
   [여기서 잠깐] '좁은 문' 두 개의 이야기   82

6. 거라사의 광인을 해방시키다
   마가복음 5:1~13   88

7. 예수 제자의 조건
   마가복음 6:6~13   105

차례

8. 아래로부터의 혁명
   마가복음 8:1~10   113

9. 존경받는 부자는 있는가
   마가복음 10:17~27   125
   [여기서 잠깐] 아무도 두 주인을 섬길 수는 없다   136

10. 인간 예수의 분노
    마가복음 11:15~19   146

11. 가이사의 것은 가이사에게
    마가복음 12:13~17   157
    [여기서 잠깐] 로마서 13장, 어떻게 읽어야 할 것인가   169

12. 필요하면 평화를 사라
    마가복음 14:43~50   177

13. 예수는 과연 부활했는가
    마가복음 16:1~8   196

에필로그: 예수를 돌아보다   208
참고한 책들   216

예수를 위한 조연, 요한
인류를 위한 조연, 예수

마가복음 1:1~9

1 하나님의 아들 예수 그리스도에 관한 복음의 시작. 2 예언자 이사야의 글에, "이제 내가 일꾼을 너보다 먼저 보내니 그가 네 갈 길을 미리 닦아 놓으리라" 하였고, 3 또 "광야에서 외치는 이의 소리가 들린다. '너희는 주의 길을 닦고 그의 길을 고르게 하여라'" 하였는데, 기록되어 있는 대로 4 세례자 요한이 광야에 나타나 "회개하고 세례를 받아라. 그러면 죄를 용서받을 것이다" 하고 선포하였다. 5 그때 온 유다 지방과 예루살렘에 사는 모든 사람이 그에게 와서 죄를 고백하며 요단 강에서 세례를 받았다. 6 요한은 낙타털 옷을 입고 허리에 가죽띠를 두르고 메뚜기와 들꿀을 먹으며 살았다. 7 그는 사람들에게 이렇게 외쳤다. "나보다 더 훌륭한 분이 내 뒤에 오신다. 나는 몸을 굽혀 그의 신발 끈을 풀어드릴 만한 자격조차 없는 사람이다. 8 나는 너희에게 물로 세례를 베풀었지만 그분은 성령으로 세례를 베푸실 것이다." 9 그 무렵에 예수께서는 갈릴리 나사렛에서 요단 강으로 요한을 찾아와 세례를 받으셨다.

세례 요한, 예수를 소개하다

　　　　　　대부분의 책에서 첫머리, 즉 1장은 그 책의 가치나 의미를 꿰뚫어볼 수 있는 역할을 한다. 텔레비전 드라마를 보더라도 제작비의 상당 부분이 초반에 집중된다. 첫인상이 그만큼 중요하기 때문이다. 그렇다면 〈마가복음〉의 1장에는 무엇이 담겨 있을까? 1장 첫머리는 공생애公生涯 시작 부분이다. 신의 사명을 수행하는 예수의 생애를 공생애라고 한다. 이때 등장하는 조연이 있으니, 그가 바로 세례 요한이다. 세례 요한은 제사장 사가랴의 아들이다. 말하자면 목사의 아들인 셈이다. 예수보다 6개월 먼저 태어난 것으로 봤을 때 서로 동기간이라고 봐야 할 것이다. 게다가 먼 친척이라는 설도 있다. 세례 요한은 금욕주의를 신조로 한 에세네파의 영향을 받았다. 그가 이끈 공동체는 유대교 규칙에 따라 일주일에 두 번 정도 금식했던 것으로 알려져 있다. 세례 요한도 낙타털 옷을 입고 허리에 가죽띠를 두르고 메뚜기와 들꿀을 먹으며 금욕 생활을 했다.

　　당시 세례 요한은 떠오르는 스타였다. 금욕이라는 말이 주는 경건하고 신비한 이미지와는 다르게 그는 도처를 다니며 격정적인 목소리로 회개와 각성을 촉구했다. 게다가 치유의 퍼포먼스, 즉 세례를 아끼지 않았다. 식민지 이스라엘이라는 절망의 땅에 사는 민족 구성원에게 그는 희망이었다. 하지만 백성이 원

예수를 위한 조연, 요한
인류를 위한 조연, 예수

하는 것은 메시아였다. 세례 요한도 잘 알고 있었다. 하지만 그는 자신의 한계선을 분명히 그었다.

예루살렘 지도자들이 요한을 찾아가 "당신이 하나님이 보내신 메시아인가", "성경에 메시아가 오기 전에 하나님이 보내주시겠다고 약속하신 그 엘리야인가", "모세가 예언한 그 선지자인가"라고 물었다. 물론 이것은 지도자들이 파 놓은 함정이었다. 당대 사회 지도층이라 불리는 이들은 자신들을 성역 없이 비난했던 세례 요한이 행여 메시아라고 자임한다면, 그 폭발성을 감당할 수 없을 것이라 판단했다. 그래서 미리 만나 운을 떼어 보려 했던 것이다.

그러나 세례 요한은 "그렇지 않다"라며 "나는 예언자 이사야의 말대로 '주님의 길을 곧게 하여라' 하며 광야에서 외치는 자의 소리요"(요한복음 1장 23절)라고 일축했다. 그리고 예수를 가리켜 "나보다 더 훌륭한 분"이라며 자신을 "몸을 굽혀 그의 신발 끈을 풀어드릴 만한 자격조차 없는 사람"이라고 겸양을 떨더니, "나는 너희에게 물로 세례를 베풀었지만 그분은 성령으로 세례를 베푸실 것"이라고 했다.

2,000년이 지나 성경으로 세례 요한을 접하는 우리는 그가 참 겸손하다고 생각할지 모른다. 그러나 세례 요한을 추종하던 제자들은 큰 충격을 받았다. 당시 그들 눈에 세례 요한이 조용필이라면, 예수는 그 인기의 갈피를 예상하기 힘든 신인 가수였기 때문이다. 조용필이 신인 가수를 가리켜 '나보다 더 노래

를 잘 부른다'고 하고 '나는 중간 쉬는 시간에 나와 노래 부르는 정도에 불과한 게스트'라고 한 셈이다. 그래서 제자들은 엄청난 허탈감에 빠진다.

참고로 세례 요한의 제자였던 이들의 후예는 아직도 있다. 이라크에 있는 만다교라는 소수 종교다. 이들은 아브라함과 모세뿐 아니라 예수마저 거짓 선지자로 보고, 세례 요한을 메시아로 믿고 있다. 지금까지 세례 요한을 따르는 종교가 있을 정도이니 당시 그의 영향력은 얼마나 컸을까? 세례 요한을 따르던 제자들이 충격에 빠질 수밖에 없을 노릇이다.

예수는 세례 요한에게 세례를 받았다. 예수가 세례 요한에게 세례를 받았다는 것은 어떤 의미일까. 이에 대해서는 아직까지도 해석이 분분하다. 세례라는 것은 성결함의 징표다. 즉 몸을 씻음으로써 영혼을 맑게 하는 것이다. 흙빛이나마 인도 갠지스강에서 브라만 신앙인들이 씻는 이유도 비슷하다. 그런데 세례 요한이 했던 세례는 유대교 전통에는 없었던 것이다. 요단 강물에 한 번 들어갔다 나오는 것만으로 율법이 규정하는 인간의 모든 죄가 씻긴다는 사상은 유대교 전통에 대한 도발로 비춰질 수 있었다.

복음서 저자 중 마태는 예수의 세례에 대해 "제가 선생님께 세례를 받아야 할 터인데 어떻게 선생님께서 제게 오십니까?" (마태복음 3장 14절)라는 세례 요한의 언급을 넣었지만, 〈요한복음〉의 저자 요한은 세례 사실을 포함시키지 않았다. 그만큼 이 사건은 예수 제자들에게 정서적으로 흔쾌하지 않았던 것이다. 도올 김용옥은 이 세례를 '반역적 세례 운동'이라고 평가했다. 왜 '반역적'이라고 했을까. 당시만 하더라도 죄를 씻는다는 의미의 구원은 율법을 지키는 데서 비롯됐다. 그런데 누구나 요단 강물에 들어갔다가 나옴으로써 구원이 가능하다는 것은 기성 관습과 율법 체계에 대한 도발이었다. 그렇다면 예수는 씻어 없앨 죄가 있었던 것일까. 아니다. 요한의 이 도발에 지지하고 동참한다는 입장이었을 것이다. 물론 예수가 겸손의 본을 보이기 위해 자기보다 못한 세례 요한에게 세례를 받았다는 해석도 있다.

여담 하나 한다. 한국 개신교가 이단 교주로 부르는 사람들이 있다. 이들이 하는 레퍼토리 가운데 '세례 요한 드립'이 있다. 이른바 이단자들을 보면, 그 자체로 이단 교주가 된 경우는 통일교의 문선명 정도였다. 대개는 처음에 나타난 교주 밑에서 배우다가 그와 결별하고 그 교리를 이용해 새로운 이단 집단을 만들어 본인이 이른바 '하나님'이 된 경우가 많다. 자신들의 선생인 첫 번째 교주와의 틀어진 관계를 합리화하기 위해 만든 교리라는 설명인데, 다시 말해 자신이 메시아이며 자신의 선생이었던 첫 번째 교주가 바로 세례 요한이라는 것이다.

천부교의 창시자인 박태선 교주 밑에서 전도사로 있던 조희성은 영생교를 만들었다. 그리고 박태선은 세례 요한이고, 자신은 재림주라고 주장했다. 통일교 문선명 교주 밑에서 교리 강사로 일하던 정명석 또한 문선명은 세례 요한이고 자신이 메시아라고 주장했다. 최근 유명해진 신천지 교주 이만희 역시 자신의 선생이었던 유재열은 세례 요한, 자신은 보혜사이자 재림주라고 주장하고 있다.

예수를 위한 조연, 인류를 위한 조연

세례 요한의 활동은 그 거침없는 언변에 더해 사심 없는 태도가 어우러져 엄청난 위력을 발휘했다. 당시 유대의 왕이었던 헤롯은 요한의 세력이 점차 커져가는 것을 경계했다. 결국 헤롯왕은 세례 요한을 잡아들인다. 이복동생의 아내를 자신의 아내로 맞아들인 점을 질타한 것을 문제 삼은 것이다. 그가 감옥에 들어갈 때에는 백성들의 우는 소리, 화내는 소리가 격동했다. 그런데 감옥에 갇혀 있는 시간이 지날수록 세례 요한에 대한 백성의 관심은 줄어들었다. 세례 요한은 '내가 잊히는 것은 아닌가' 하는 두려움이 앞섰다. 이 우울한 마음이 예수에 대한 섭섭함으로 이어진 것은 아닐까 추정해 본다.

그 추정의 근거는 이러하다. 고뇌가 깊은 요한이 자기 제자들을 예수에게 보낼 때에 "오시기로 되어 있는 분이 바로 선생님이십니까? 그렇지 않으면 우리가 다른 분을 기다려야 하겠습니까?"(마태복음 7장 19절)라고 묻게 한다. 다시 이야기하면 '내가 갇혀 있는 이 순간, 당신은 왜 외면하고 있습니까?'라는 말을 전한 것이다. 그러자 예수는 이 제자들에게 "너희가 듣고 본 대로 요한에게 가서 알려라. 소경이 보고 절름발이가 제대로 걸으며 나병 환자가 깨끗해지고 귀머거리가 들으며 죽은 사람이 살아나고 가난한 사람들에게 복음이 전하여진다. 나에게 의심을 품지 않는 사람은 행복하다"(마태복음 11장 4~6절)라고 했다. '당신을 대리해서 내가 이 일을 하고 있으니 의심하지 마시오'라는 뜻을 전한 것이다.

세례 요한은 억울하게 갇혔다. 불의한 상황이었다. 따라서 세례 요한의 도움을 받아 명망과 인재를 얻은 예수라면 마땅히 그를 옥에서 나오게 해야 했다. 예수가 세례 요한에게 빚진 마음을 가졌던 것은 분명해 보인다. 예수는 "예언자보다 큰 사람", "여자가 낳은 사람 중에 가장 큰 인물", "예언자요, 환생한 엘리야"라며 세례 요한을 극찬했다. 제자들이 행여 자신들의 스승인 예수보다 세례 요한이 높게 평가받을까 봐 세례 요한을 의도적으로 깎아내릴지라도 말이다. 그러나 예수의 행동은 구명과는 무관했다. 도리어 복음을 선포하러 다녔다.

세례 요한의 일생은 비극으로 끝맺는다. 〈마태복음〉 14장을 보면, 딸이 간청했다는 이유로 헤롯왕이 세례 요한의 목을 베어 쟁반 위에 올린다. 세례 요한은 그렇게 죽었다. 세례 요한의 죽음은 성경만이 아니라 요세푸스(1세기에 유대와 로마에서 활동했던 유대인 역사가)의 역사책에도 기록되는데 이게 좀 더 구체적이다. 이 책에서 세례 요한은 지극히 비정치적인 종교가로 묘사된다. 하지만 그의 죽음은 철저히 정치적 목적 때문이었다. 세례 요한의 말을 듣고 감동한 사람들이 구름 떼처럼 요한에게 몰려들자, 헤롯왕은 혹시 요한이 기고만장하여 반역을 일으키지나 않을까 심히 걱정하기에 이르렀고, 마침내 요한을 처형하여 후환을 없애는 것이 상책이라고 생각하고 죽인 것이다.

생각해 보면 정치적 상상력이 여러 사람을 죽이곤 했다. 올리브나무 환호 속에 예루살렘 성에 입성했던 예수 역시, 그를 위협적으로 생각했던 이들에 의해 일주일 후 사형에 처해지지 않았나. 기득권 세력이 힘을 모아 죽이려는 대상은, 실은 그들이 가장 위협적으로 생각하는 존재라고 보면 정확하다. 이런 일은 과거에도 있었고 지금도 있으며 아마 앞으로도 있을 것이다.

예수 공생애는 이렇게 세례 요한이라는 인물이 자기 몸을 태워 만든 빛으로 조명받으며 시작했다. 예수 역시 죄 많은 인류를 구원하고 그들에게 빛의 삶을 살게 하기 위해 스스로 몸을 태웠다. 예수는 촛불이다. 밝음을 주면서도 정작 자신은 사르는 희생정신 때문에 촛불은 경건함과 엄숙함을 상징하기도 한다. '사랑'이라는 단어가 '사르다(燒)'에서 비롯됐다고 하지 않던가. 기독교에서 촛불은 세상의 빛인 예수를 상징한다. 부활절이나 성탄절 때 촛불을 밝히고 예배·미사를 드리거나 행진을 하는 풍습도 여기서 비롯된다.

주인공이 되고 싶은 세상, 조연으로 살면 큰 손해라도 볼

예수를 위한 조연, 요한
인류를 위한 조연, 예수

것만 같은 세상이다. 이른바 지식인으로 불리는 이들의 단점은 여기서 명징해진다. 이들에게 있어 모든 것에 우선하는 것은 자존감이다. 자존감이 위축된다면 물불을 가리지 않는다. 반면 촛불을 들고 거리로 나오는 이름 없는 시민들은 이들과 대조된다. 이들이야말로 조연이다. 뉴스는 소수 지식인의 입을 주목하지만, 정작 역사를 움직이는 것은 무명의 투사들이다.

　세례 요한이 맥없이 예수에게 주인공 자리를 넘겼을 때, 아마도 당시에는 박수보다는 실망을 많이 샀을 것이다. 빈민도 따랐던 것으로 추정된다. 제자들이 감옥에 있는 자기를 등지고 예수를 따를 때 더욱 그랬을 것이다. 그렇다고 예수가 창창한 비단길을 걸었던가. 예수 역시 맥없이 로마 군인에게 잡혀 모진 고난을 당하고 결국 십자가에 매달려 죽고 말았다. 불과 며칠 전 '호산나'(‘구하옵나니, 이제 구원하소서’라는 뜻을 가진, 하나님을 찬양하는 말)를 환호하던 수많은 군중이 ‘죽여라’ 목소리 높였다. 이 와중에 기가 질린 수제자마저도 등을 돌렸다. 예수는 죽음으로써 인류를 위한 조연이 됐다.

　세례 요한이 보였고 예수가 뒤따랐던 이 고난의 길, 나를 부정하고 다른 누군가를 조명하는 삶, 살아서는 인정받기 힘들었던 진정성, 거의 초인이어야 희생할 수 있는 사랑, 유력한 복음서 머리를 장식한 두 사내 이야기는 가히 ‘1장다움’의 극치이리라. 우리는 대의를 위해 조연이 될 수 있는가. 불이익을 감수할 수 있는가. 역사는 끊임없이 우리에게 묻는다.

가난한 동네로 간 예수

마가복음 1:14~15

14 요한이 잡힌 뒤에 예수께서 갈릴리에 오셔서 하나님의 복음을 전파하시며
15 "때가 다 되어 하나님의 나라가 다가왔다. 회개하고 이 복음을 믿어라" 하셨다.

예수는 왜 갈릴리로 갔을까?

　　　　　　　　　　세례 요한이 잡히고 난 뒤, 예수는 갈릴리로 간다. 많은 성서학자들은 왜 예수가 사람 수로 보나 경제 규모로 보나 모든 면에서 월등한 예루살렘으로 가지 않고 변두리 동네 갈릴리로 갔는지 의문을 제기한다. 예루살렘과 갈릴리는 차이가 많다. 예루살렘은 말하자면, 잘 사는 동네였다. 부자들이 많았다. 한마디로 기득권층이 주로 살던 곳이었다. 이들은 식민 통치하던 로마에 유착되기까지 했다. 변화를 두려워하는 자들의 군집 부락이었다.

　　갈릴리는 어땠을까. 평지가 많고 호수가 있어 아주 비옥했다. 하지만 땅 주인 다수는 이곳에 거주하지 않았다. 땅 주인 대부분은 부촌 예루살렘에 있었다. 그러니까 마을을 지키는 이들은 대부분 소작농이었다. 평화란 전쟁 없음을 말하지만 실은 분배 정의를 밑바탕에 둔다. 그러니까 이곳은 평화가 부재한 곳이었다. 민중 봉기가 많았고 그러다 보니 반反로마 저항 운동의 중심지가 됐다. 예수가 갈릴리에서 일했고, 예루살렘으로 가서는 십자가에 달려 죽었다는 사실은 그래서 상징적이다.

　　어설프게 선악 구도를 짜자면 갈릴리는 의롭고 예루살렘은 불의한 이들의 집산지인 것처럼 보인다. 하지만 그렇지 않았다. 갈릴리는 요한이 비참하게 죽은 불의한 상황에서 침묵했다. 그리고 예수가 심판대에 올랐을 때에는 더러는 냉소적으로, 더러는 돌을 같이 던지며 부정했다. 힘 있는 로마에 영혼을 팔지는 않았지만, 그렇다고 의리의 화신인 것도 아니었다. 예수를 팔았던 가롯 유다는 갈릴리에서 번성했던 젤롯당(Zealot, 로마 제국의 통치에 폭력 항쟁으로 맞설 것을 주장한 유대의 종교적 민족주의 정치 운동 세력)에 몸담고 있었다. 예수를 버린 제자들은 갈릴리 출신이 대부분이었다.

예수는 갈릴리에서 사역하기 직전에 '하나님의 나라'를 선포한다. 이것이 예수가 공생애 최초로 선포한 말씀이다. 오랜 기간 신학자들은 이런 의문을 품었다. 예수가 말한 '하나님 나라'는 장차 다가올 미래적인 것인가, 아니면 이미 와 있는 현재적인 것인가. 또 '하나님 나라'가 이 세상에서 새로운 세상으로 들어가는 공간적인 것인가, 아니면 그를 믿는 자에게 임하는 통치적인 것인가. 오랜 신학적 주제이기도 한 이 문제는 여전히 매우 중요하다. 예수를 메시아로 받아들인 제자들 역시 그가 정치권력을 쥔 세속 세계의 왕이라고 믿었지, 십자가에 달려 비참하게 최후를 맞는 무력한 일개 사형수일 거라고는 꿈에도 생각하지 못했다. 메시아를 갈망했던 당시 민중들 역시 인류 구원의 화신으로서 명예만 드높았던 메시아보다는 오히려 군대의 무력을 갖춘 메시아에 대한 기대가 앞섰을 것이다.

하나님의 나라와 관련한 신학자 위르겐 몰트만의 견해가 있다. "그것은 예수와의 교제 안에서 현재적인 경험의 대상이다. 병든 자들이 건강하게 되고, 잃은 자들을 다시 찾게 되고, 멸시 받는 자들이 환영받으며, 가난한 자들이 그들의 존엄성을 발견할 때. 얼어붙은 자들이 생기를 되찾고, 늙고 고단한 생활이 다시 젊어지고 활동을 할 때. 바로 거기서 하나님의 나라가 시작된다. 하나님의 나라는 씨처럼 시작된다. 그 배아胚芽는 이미 현재의 삶 속에 선사되었다. 그래서 하나님의 나라는 경험될 수 있다. 그러므로 그것은 또한 경험의 대상이다. 그러나 그것은 확고히 뿌리내린 희망의 경험과 회상 속에 있다. 씨는 자라고, 집을 떠난 사람은 귀향하고, 질병으로부터 나은 사람은 죽음으로부터 일어나며, 억압에서 해방된 사람은 자유의 나라에서 살기를 바랄 것이다."

이렇듯 하나님 나라는 내세적인 것이 아니라 현재적이고, 경험할 수 있는 것이며, 개인을 넘어선 공동체이고 사회성을 띤 것으로 여길 수 있다. 따라서 하나님 나라를 지향하는 교회의 역할과 활동은 '지금 여기'의 문제에 관심을 가질 수밖에 없다. 그러나 전통적 신학과 현재의 한국 교회는 하나님 나라를 오직 초월적이고 초자연적인 사건으로만 이해한다. 그러다 보니 내세적, 종말론적으로 접근하게 된다. 그러니까 사회 구조적인 문제 따위는 무시하며 오로지 구원에만 치중하는 것이다. 종교는 세상과 담 쌓을 때 필연적으로 변질된다. 사회의 조롱거리가 된 한국 개신교가 대표적이다. 모든 교회의 문제는 세상과의 단절에 있다.

한국 교회의 시작

　　　　　　　　　한국 교회의 문제를 종교 생활을 모두 수치로 환산하는 물량주의나 타종교에 대한 지나친 배타주의에서 찾는 이들이 많다. 그러나 한국 교회의 근원적인 문제는 탈정치화이며, 거슬러 올라가면 세상과의 단절에서 찾을 수 있다. 그에 대한 역사적 맥락을 짚어볼 필요가 있다. 개신교는 1884년 이 나라에 들어왔다. 그 무렵은 일본과의 전쟁에서 청나라가 패배한 시기였다. 대대로 중국에 머리 숙였던 당시 조선 집권층은 당황할 수밖에 없었다. 메이지유신을 계기로 급격하게 대국으로 성장한 일본의 실체를 인정하지 않을 수 없었던 터였다. 이 무렵 미국 세력이 개신교와 함께 조선에 들어온다. 조선에 개신교를 전파하러 온 미국 선교사 호러스 알렌은 미국 정부의 공사이면서 의사였다. 1884년으로부터 정확히 100년 전인 1784년, 한국에 천주교가 들어와 숱한 박해를 받은 사실을 모를 리 없었던 알렌은 철저하게 조선 조정의 입 안의 사탕처럼 행세했다. 을미사변 즉 명성황후 시해 사건을 겪으면서 알렌은 왕실의 음식을 다 댈 수 있을 정도로 고종을 비롯한 왕실 사람들에게 신임을 얻었다. 이렇게 개신교는 조선 체제 속에 빠르게 파고들었다.

　　　그러나 이때만 해도 조선인에게 개신교는 일종의 문물이었다. 도는 동양 것을 따르고, 문물은 서양 것을 쓰면 된다는 이른바 동도서기론東道西器論이 먹혔던 것만 보더라도 알 수 있었다. 그런 개신교가 반만년 유·불교 문화권인 한국 사회에서 조금도 어색하지 않은 종교로 뿌리내리게 된 사건이 있었다. 바로 1907년 평양대부흥운동이었다. 이는 평양의 한 교회에서 교회 지도자들이 잘못을 공개적으로 고백하며 눈물을 흘리며 뉘우쳤는데, 그 이후 평양의 기독교 신자가 폭등한 현상을 말한다. 이 사건 이후 죄를 고백하고 새로운 삶을 선언하는 운동이 전국으로 확산되면서 조선의 기독교 신자 수가 폭발적으로 증가했다. 따지고 보면 1907년은 기막힌 시점이다. 1905년 외교권을 일본에 넘긴 을사늑약, 1910년 국권을 모두 일본에 넘기는 경술국치의 중간 시점이기 때문이다.

국운이 쇠해 일본에 국권이 넘어가는 시점, 분노하는 국민이 없었을까. 여러 문헌은 당시 나라 전체가 울분에 가득했음을 말해준다. 특히 교회는 그 울분이 운동화, 조직화되는 공간이었다. 그 시절 지식인이라고 불리는 사람들은 대체로 개신교인이었다. 일제는 염려하지 않을 수 없었다. 그래서 미국인 선교사와 궁리한다. 당시 한국에 선교사를 보낸 나라와 교단은 일제와 대립하는 것을 원치 않았다. 남의 국권보다 선교가 더 중요했기 때문이다. 그래서 미국 선교사들은 일제와 손을 잡는다. 그리고는 대부흥운동을 구상한다. 이것이 앞서 말했던 '평양대부흥운동'이다. 많은 교회사학자들은 이때 선교사들이 조선인 교인을 모아놓고 자신의 죄를 회개케 했다고 전한다. 국가적 울분은 그렇게 개인의 각성으로 소진됐다. 이렇게 얼이 빠진 사이에 일제는 조선 민중의 별다른 저항 없이 자연스럽게 대한제국을 접수할 수 있었다.

회개와 각성은 중요한 신앙 행위다. (사실 오늘날 강남의 대형 교회는 이런 주제의 설교를 피한다고 하지 않는가. 헌금이 적게 걷힌다고 말이다.) 회개와 각성에 대한 설교는 필요하다. 그러나 국가적으로 위중한 시기에 힘없고 무지하고 가난한 백성에게 뜬금없이 '모든 문제의 근원이 너의 죄 때문'이라고 이야기하는 게 온당한가. 그렇게 해서 일본 제국주의의 국권 탈취를 정당화한다면 그야말로 역사적 죄악이 아니던가.

이 같은 내세적이고 엑스터시 같은 신앙이 낳은 결과가 바로 신사 참배다. 신사 참배는 일제와 협력했던 미국 선교사들조차 반기를 들었던 사안이다. 얼마나 반발했던지 자기들이 세운 평양신학교를 폐교하고 조선을 떠나기까지 했다. 하지만 이 또한 사회 구조적 문제에 눈감게 했던 자신들의 오판의 결과물이라고 인정해야 마땅하다.

신앙이 개인에게 갇히게 되면, 사회 구조에 대한 관심을 잃게 된다. 모든 판단 기준이 자신의 행복과 불행, 이 둘 중 하나로 좁혀지기 때문이다. 행복한 것은 하나님의 축복이고, 불행한 것은 하나님의 징계가 된다. 그래서 자신도 모르는 사이에 '나에게 유익한가'가 만사의 판단 기준이 된다.

미국 선교사들은 한국 사람에게는 비극의 길인 일제 강제 점령을 도왔다. 왜 그랬을까. 개신교 입장에서는 일본과 협력하는 게 유익하다고 판단했기 때문이다. 물론 일부 극소수의 선교사들은 3·1운동 당시에 일제에 저항하며 한국인의 독립운동을 돕기도 했다.

개신교만의 복락과 유익을 추구하다 보니, 일제 강점기에는 일제에 협력했고, 해방 후에는 미국이라는 새로운 태양을 섬겼고, 이승만·박정희·전두환·이명박이라는 희대의 독재자를 돕고 말았다. 이 시대적 탈선으로 한국 교회의 외피를 쓴 예수의 복음은 하염없이 저렴해졌다. 나아가 비웃음거리가 됐다.

하나님 나라는 어떤 나라인가?

앞서 얘기했던 하나님 나라는 하나님이 다스리는 나라다. 통상 나라라고 하면 어느 대륙에 있고, 정치 체제는 무엇이며, 지도자는 누구인지에 관심을 쏟는다. 그래서 죽은 뒤에 가는 하늘에 있는 나라이자, 하나님이 직접 다스리는 왕정을 염두에 둔다. 실제로 〈마태복음〉을 보면, '하나님 나라' 대신 '하늘나라'라는 표현을 더 많이 쓴다. 그래서 이 땅에서는 세속과 담쌓고 늘 경건하게 살다가 가는 나라로 생각하기 마련이다.

그러나 〈마태복음〉은 유대적 전통이 강한 성경이다. 유대적 전통이란 이런 거다. 유대인들은 감히 '하나님'이라는 표현을 쓰기도 주저했다. 너무 위대한 분이라 그 이름을 부르는 것조차 두려웠던 것이다. 그래서 유대인들은 '하나님' 대신 '하늘에 계신 분'으로, '하나님 나라'를 '하늘나라'로 불렀던 것이다. 하늘나라, 즉 하나님 나라는 이 땅으로부터 벗어난 나라가 아니다. 주기도문에는 '나라가 임하옵시며'라는 내용이 있다. 하나님의 통치하심이 이 나라에 임하시기를 원한다는 말이다. 하나님의 정의와 평화와 사랑이 넘치는 세상, 그 세상이 곧 하나님 나라다.

하나님 나라는 어느 날 갑자기 나타나는 나라가 아니다. 이와 관련해 이한오 성공회 신부는 〈프레시안〉에 손규태가 쓴 《하나님 나라와 공공성》이라는 책을 소개했다. 손규태는 이 책에서 하나님 나라 즉 천국은 이 땅과 구분된 것이 아니라고 말한다. 즉 하나님 나라란 우리가 천국의 모형에 맞춰 이 땅에서 이뤄야 할 목표라는 것이다. 나아가 그는 지상에서 하나님 나라를 실현하는 것은 기독교인만이 추구해야 할 목표가 아니라 모든 인류의 공동 과제라고 주장한다.

또한 하나님 나라가 구원받은 백성만이 죽은 뒤 세상에서 맛볼 전유물이 아니라, 이른바 '믿지 않는 백성'도 누릴 수 있는 과실이라고 덧붙인다. 그러면서 하나님 나라의 중요한 키워드를 제시한다. 바로 '공공성'이다. 공공성은 유럽에서는 종교개혁

이후 계몽주의 시대에 등장한 정치적 개념인데, 사전적으로는 "누구나 듣거나 볼 수 있는 것, 개인이 아니라 많은 사람 혹은 전체 대중을 위해서 존재하는 것, 국가나 공공기관들의 사안들"로 규정된다.

공공성이라는 화두를 잘 풀어낸 것이 레슬리 뉴비긴의 《복음, 공공의 진리를 말하다》라는 책이다. 이 책은 교회가 복음을 공공의 진리로 봐야 한다고 말한다. 복음을 이기적인 구원의 수단으로만 보면 어리석게 된다는 것이다. 《하나님의 정치》라는 책에는 저자 짐 월리스에게 어떤 사람이 보낸 편지가 실려 있다. "예수님은 '모든 민족을 제자로 삼아서 내가 너희에게 명한 모든 것을 그들에게 가르쳐 지키게 하여라'라고 명령하셨잖아요. 짐, 예수님은 분명 가난한 사람들을 돌보라고 가르치셨어요." 이 글은 기독교인으로서 전도 외의 다른 활동을 과소평가해 왔다며 자책했던 국제대학생선교회CCC의 창립자 빌 브라이트가 쓴 것이다.

한국 교회는 갈릴리에 없다

다시 갈릴리로 가 보자. 기독교인들은 예수가 죽고 난 지 사흘 만에 부활했다고 믿는다. 죽은 줄 알았던 그의 숨결이 최초로 발견된 공간 또한 갈릴리였다. 그의 시종은 왜 갈릴리라는 공간과 맞물려 있을까. 우울하기 이를 데 없는 그 동네에 말이다. 이는 예수가 갈릴리를 공생애 출발점으로 삼은 정신과 맞물려 여길 필요가 있다.

2012년 11월, 엄동설한을 피해 촛불을 켜고 잠을 자던 할머니와 손자가 목숨을 잃은 사건은 많은 사회적 함의를 담는다. 할머니의 건강이 나빠져 수입이 전혀 없었음에도 할머니에게 자녀가 세 명 있다는 이유로 수급자에서 제외된 이들은 전기세 15만 원을 내지 못해 촛불을 켜고 자다가 화재로 사고를 당한 것이다. 공공성은 사라지고 온통 영리의 가치만 부각되는 부박한 세상이다.

공공성에 상대되는, 아니 반대되는 가치가 무엇인가. 영리성이다. 공공성을 추구해서는 사실 돈이 안 된다. 보수 정부만 들어서면 공공성은 퇴색되고, 영리의 가치가 모든 것들 위에 군림하다시피 자리한다. 무리한 민영화 추진을 보라. 또 공공성이 강한 보편적 서비스가 퇴행하는 것을 보라. 이런 반동을 막는 일선에 교회가 있어야 하는데, 한국 교회들은 보수 정치 세력과 결탁하더니 입을 닫고 있다. 일부는 도리어 무상 복지가 나라를 결딴낸다며 선전·선동의 나팔수가 되고 있다.

누군가 재밌는 그림과 해설을 인터넷에 올려 놓았다. 예수야말로 무상 복지의 상징이라는 것이다. 먹을 것은 물론 사후 구원에 이르기까지 예수는 값 없이 은혜를 베풀기 때문이다. 농담 같지만 진실이다. 돈에 미쳐 돌아가는 세상에서 우리에게 주는 교훈 또한 상당하다.

하나님 나라는 기본적으로 신이 역사의 주관자가 되는 세상이다. 정의와 평화, 사랑이 고이지 않고 흐르는 물처럼 생기가 도는 세상이다. 나는 하나님 나라가 이 땅에서 완성될 수 없다고 본다. 하나님의 자리까지 탈취하며 신을 자처하는 이들이 적지 않기 때문이다. 사이비 교주만을 이야기하는 게 아니다. 신이 누려야 할 권위와 영예를 공유하려는 종교 권력자가 넘쳐나기 때문이다. 그렇다면 하나님 나라는 정녕 먼 나라의 이야기일 뿐일까. 아니다. 중요한 것은 낙담하지 않는 것이다. 그 틀을 갖추는 것 정도에 그치더라도 할 일은 해야 한다. 그 틀이란 상식과 논리가 통하는 구조, 즉 곡절은 있어도 사회가 정의라는 지향점을 잃지 않는 구조일 것이다. 우리가 살고 있는 사회도 정의라는 지향점을 잃고 있지 않은지 늘 따져 봐야 한다. 하나님 나라는 여기에서 시작한다.

상식과 논리를 거역하려는 정치권력과 이에 결탁한 언론권력, 이 배후에 있는 자본권력과 우경화된 종교권력이야말로 하나님 나라의 가장 강력한 방해 세력이다. 그런 의미에서 이들과의 싸움은 영적 전쟁이다. 또한 하나님이 다스리는 세상, 즉 공공성이 빛나는 세상을 실현하기 위한 손길이 필요하다.

예수의 시종이 갈릴리라는 공간에서 이뤄졌다고 했다. 왜 하필 갈릴리였을까. 왜 예루살렘이 아니었을까. 마음 가난한 자, 더 잃을 것이 없는 자에게만 위탁할 수 있는 일이 바로 하나님 나라 건설의 사명이기 때문이다. 한국 교회는 갈릴리에서 멀어졌다. 당신은 어떠한가.

예수 이적 사건의 의미

마가복음 1:16~28

16 예수께서 갈릴리 호숫가를 지나가시다가 호수에서 그물을 던지고 있는 어부 시몬과 그의 동생 안드레를 보시고 17 "나를 따라오너라. 내가 너희를 사람 낚는 어부가 되게 하겠다" 하고 말씀하셨다. 18 그들은 곧 그물을 버리고 예수를 따라갔다. 19 예수께서 조금 더 가시다가 세베대의 아들 야고보와 그의 동생 요한이 배에서 그물을 손질하고 있는 것을 보시고 20 부르시자 그들은 아버지 세베대와 삯꾼들을 배에 남겨둔 채 예수를 따라나섰다. 21 예수의 일행은 가버나움으로 갔다. 안식일에 예수께서는 회당에 들어가 가르치셨는데 22 사람들은 그 가르침을 듣고 놀랐다. 그 가르치시는 것이 율법학자들과는 달리 권위가 있었기 때문이다. 23 그때 더러운 악령 들린 사람 하나가 회당에 있다가 큰소리로 24 "나사렛 예수님, 어찌하여 우리를 간섭하시려는 것입니까? 우리를 없애려고 오셨습니까? 나는 당신이 누구신지 압니다. 당신은 하나님께서 보내신 거룩한 분이십니다" 하고 외쳤다. 25 그래서 예수께서 "입을 다물고 이 사람에게서 나가거라" 하고 꾸짖으시자 26 더러운 악령은 그 사람에게 발작을 일으켜 놓고 큰소리를 지르며 떠나갔다. 27 이것을 보고 모두들 놀라 "이게 어찌 된 일이냐? 이것은 권위 있는 새 교훈이다. 그의 명령에는 더러운 악령들도 굴복하는구나!" 하며 서로 수군거렸다. 28 예수의 소문은 삽시간에 온 갈릴리와 그 근방에 두루 퍼졌다.

이적 사건의 진실은?

　　　　　　　　　　예수 이적의 핵심은 바로 부활이다. 예수를 그리스도(히브리어 '메시아'의 그리스어 번역으로, 하나님의 아들이며 세상의 왕인 예수에 대한 칭호)로 믿는 오랜 이유 중에 하나는 바로 예수가 행한 이적, 즉 기적 때문이다. 신통한 힘을 가진 사람이어야 신으로 믿을 수 있다는 판단 때문일 것이다. 나는 예수가 행했던 일들, 특히 사람의 힘으로는 불가능했던 신기한 이적의 역사를 믿는다. 예수가 능히 그러고도 남을 힘을 가진 존재라고 생각한다. 그렇지만 예수의 가치를 단순히 이적을 보여주는 능력으로만 판단하는 것은 문제가 있다.

　　　기독교 역사를 돌이켜 보면, 많은 신학자들은 '동성녀 탄생, 이적 행함, 죽음 그리고 부활'이라는 예수의 역사가 예수를 신으로 추앙하려는 복음서 저자들의 과장 또는 신앙 고백일 뿐이지 사실이 아니라고 보고 있다. 가령 데이비드 슈트라우스는 대부분의 복음서를 역사적 사실의 기록물이 아니라 특정 종교 신앙의 표현이라고 보았다. 브루노 바우어의 경우에는 최초의 복음서로 꼽히는 〈마가복음〉을 사실이 아닌 하나의 문학 작품으로 보기도 했다. 두 저자는 기독교 복음서가 고대 지중해 지역에 수 세기 동안 퍼져 있었던 디오니소스 이방 신화를 유대교적으로 각색한 것이라고 주장한다. 그래서 성경에 나오는 기록은 잘 뒤져 보면 그 신화와 비슷한 게 많다는 거다. 예를 들면 '아버지·어머니가 각각 제우스신과 처녀', '12월 25일 외양간 출생', '결혼식장에서 물을 포도주로 바꿈', '종려나무 잎 들고 환호 받으며 나귀 타고 행진', '세상 죄 대신 짊어지고 부활절 기간에 죽음', '사흘 만에 부활 승천', '곧 심판 위해 재림' 등의 내용이 그러하다는 것이다.

부활 역시 거짓이거나 착각이거나 환상이라는 의견이 대두된다. 여러 가지 시나리오가 있는데 우선 첫 번째는 허위설이다. 예수의 죽음에 너무 상심했던 제자들이 로마 군인을 돈으로 매수해서 예수의 시체를 숨긴 다음, '예수가 없어졌다가 부활했다'며 사기 쳤다는 것이다. 두 번째는 예수가 죽은 게 아니라 일시적으로 기절한 상태였는데 죽은 줄 알고 매장했다가 혼자서 돌문을 열고 나왔다는 기절설이다. 세 번째 환상설은 예수가 절대 죽을 분이 아니라는 강한 믿음, 또 제자들이 심하게 피곤했다는 정황이 합쳐지면서 허깨비 부활 예수를 봤다는 설이다. 네 번째는 두세 명의 여인들이 시신이 된 예수의 몸에 향유를 바르러 갔는데 무덤이 비어 있는 것을 보고 제자들에게 달려가 부활을 알렸지만 실은 다른 사람의 무덤을 보고 착각한 것이라는 무덤 오인설이다. 그런데 예수가 제자들 앞에 나타났다는 주장도 있지 않은가. 이에 대해서도 흥분한 상태의 제자들이 허깨비 예수를 봤다는 환상설, 스승의 죽음으로 인한 집단 외상 후 스트레스 장애 즉 신경과민이나 신경 계통의 병적 증상의 발작 또는 정신 이상으로 허깨비 예수를 봤다는 환각설 등 여러 구구한 설들이 있다.

물론 18세기 이후에는 14세기부터 불어닥친 르네상스의 여파로 신의 권위가 하루가 다르게 추락하던 시점이었다. 따라서 예수의 이적을 무조건 믿으라는 강요는 당대 비평가나 지식인에게는 별로 통하지 않았다. 아프리카 빈민을 치료하던 의사이자 목사였던 알베르트 슈바이처는 예수의 동정녀 탄생은 물론 부활과 승천을 믿지 않았다. "복음서 저자들이 예수에게 가졌던 기대를 덧씌워 성서 속 예수로 만들었다는 이야기"라고 단언한다.

다만 슈바이처의 이런 부연이 있다. "과거에 예수가 부활하고 승천했는지 그 사실 자체가 중요한 것이 아니라, 인간의 내부에서 영적으로 살아나 자기 시대에 활동하는 예수가 중요하다"라는 것이다. 그는 기독교 신앙을 총체적으로 냉소했다기보다는, 예수라는 사람의 한때의 이적에만 경도돼 현세의 역할을 외면하는 상당수 종교인의 얄팍함을 비판한 것이다.

하지만 기성 교회의 목회자와 보수 교단의 신학자는 그러한 성서 비평 시도 자체가 불순하며, 반反기독교적 요소가 다분하다고 일축한다. 보수 신학자인 존 그레셤 메이컨은 "이러한 사상 즉 자유주의 신학은 기독교가 아니다. 기독교는 초자연을 믿지만 자유주의는 그렇지 않다. 따라서 초자연적인 천국도 부활도 받을 수 없다"라고 못을 박는다.

사실 예수뿐 아니라 모세의 출애굽 역시 가공된 것이라는 지적도 있었다. 이집트에서 노예 생활을 하던, 족히 300만은 될 이스라엘 민족을 탈출하게 해 젖과 꿀이 흐르는 가나안 땅으로 인도한 모세의 이야기와 홍해의 물을 갈라 이스라엘 사람들의 다리에 물 한 방울 튀지 않고 건너게 해 준 하나님의 이야기는 사실이 아니라는 것이다.

카렌 암스트롱이 쓴《축의 시대》라는 책을 보면, 고고학자들 사이에서는 기원전 1350년경 구약의 이집트 대탈출기는 역사적 근거가 별로 없다는 게 학계의 대체적인 합의라고 적었다. '엑소더스(Exodus, 탈출)'의 흔적이라 할 수 있는 대량 학살, 외지인 침입, 이집트 유물, 인구 변화의 표시, 그 어떤 것도 발견하지 못했다는 것이다. 설령 엑소더스가 사실이어도 자기 나라의 허술한 안보와 식민 백성에 대한 탄압의 실상이 고스란히 녹아 있는 출애굽 역사를 이집트가 기록했을 리 없다. 게다가 이스라엘에서도 이 흔적을 찾기 힘들다는 설명이다. 또한 가나안은 이집트에서 모세를 따라 함께 넘어온 이스라엘 사람들이 새로 터를 잡은 게 아니라, 원래 원주민의 것이었다는 주장도 이 책에 담겨 있다. 그렇다면 출애굽 이야기는 어떻게 나온 것일까. 이집트의 잦은 간섭과 탄압에 힘겨워 했던 이스라엘 백성들이 자긍심을 회복하는 차원에서 지어낸 이야기라는 것이다. 여기에는 이집트를 증오하는 심정도 있었을 것이다.

모세가 신으로부터 십계명을 받은 시나이 산의 위치를 알

수 없다는 이야기도 있다. 물론 이집트에 가면 유명한 관광 명소인 시나이 산이 있다. 하지만 그곳은 4세기에 콘스탄티누스 대제가 어머니의 뜻에 따라 성지로 지정한 것이라고 한다. 성지 순례지로 각광을 받기까지 하자 비잔틴 황제 유스티니아누스 대제는 527년 시나이 산에 성 카타리나 수도원을 창건했다. 일찌감치 정신분석학자 지그문트 프로이트는 《모세와 일신교》라는 책을 통해 모세 이야기는 말 그대로 소설일 뿐이라고 단언하기도 했다.

모세 5경(구약 성서의 맨 앞에 있는 〈창세기〉, 〈출애굽기〉, 〈레위기〉, 〈민수기〉, 〈신명기〉를 말함)은 이스라엘 민족이 바벨론 포로로 잡혀갔던 시기에 저작됐다. '지금 상황이 우리에게 우호적이지는 않지만, 기다려라. 하나님은 우리를 이렇게 이끄셨다'는 이야기를 하려고 만들었던 것이 아닌가 하고 일부 신학자들은 추정한다. 말하자면 정확한 사실보다 허구에 입각한 신화나 전설이 좀 더 개입된 것이 아닌가 하는 의심이다. 이와 관련해 도올 김용옥은 그렇다고 해서 그것을 거짓말이라고 규정하지는 않는다. 다만 저자들이 사실 전달보다는 복음 전파에 방점을 둔 탓이라고 설명한다. 역사적 근거 Historical Security가 아닌 구성적 창조성 Compositional Creativity을 말한다는 것이다. 역사적 근거가 없다고 구성적 창조성을 가볍게 여길 게 아니다. 그렇게 알고 믿은 것 또한 하나의 실존으로서의 역사이기 때문이다.

역사적 예수와 신앙의 예수

성경이 일점일획도 틀림없고 심지어 그 글자 안에 영혼까지 있다고 믿는 이들을 향해 신학자들과 고고학자들은 노벨 문학상을 받은 유대인 작가 아이작 바셰비스 싱어의 〈바보 김펠Gimpel the Fool〉이라는 단편을 빗대 야유한다. 〈바보 김펠〉은 사람들에게 계속 기만당하고 농락의 대상이 되면서도, 그걸 알고도 번번이 당하는 김펠의 이야기를 담고 있다. 말하자면 김펠이 기독교 신자라는 이야기다.

"주께서 제 안에 계시다고 들었습니다. 하지만 어둠, 냉담, 공허의 현실이 너무도 커서 제 영혼은 아무것도 느껴지지가 않습니다. 신이 없다면 영혼도 없고, 영혼이 없다면 예수님 당신도 진실이 아닙니다." 신이 없다고 단정해도 무방할 만큼 참혹한 세상을 표현한 이 글은 마더 테레사가 쓴 것이다. 무신론자인 크리스토퍼 히친스는 이런 테레사를 김펠과 같이 취급했다.

이 이야기를 접하는 기독교인은 이래저래 불편하다. 절대적 진리인 하나님의 말씀인 성경이 난도질당하니 말이다. 그래서 보수 신앙인은 종교 다원주의 세력의 '소행'을 의심한다. 성경을 인본주의적 방법으로 해체해 예수를 구세주로 믿는 기독교인들의 신앙 고백을 무너뜨려 교회를 파괴하는 것이 종교 다원주의의 최종적인 목표라며 말이다. 이렇듯 양극단에 있는 관점들을 어떻게 봐야 할까. 이것은 전제하는 단계부터 예견된 결과다. 성경 그 자체를 진리라고 믿는가, 아니면 비평의 대상으로 보는가. 뿌리가 다르면 뻗는 줄기도 다른 법이다.

이런 가운데 교황 베네딕토 16세는 2006년《나자렛 예수》를 내놓으며 '역사적 예수'에 대한 견해에 입장을 밝혔다. 놀라운 점은, 성서를 사실인지 아닌지 따지며 짚는 역사 비평적 방법의 정당성을 인정한다는 것이다. 단서는 있다. "하나님의 면전에서 살고 있는 예수는 하나님의 친구일 뿐만 아니라 그의 아들이다. 예수는 아버지와 가장 내밀한 통일을 이룬 채 살고 있다. 오직 이 점을 근거로 해서만 우리는 신약 성경에 나타난 예수의 모습을 진정 이해할 수 있다." 예수에 대한 이야기는 예수를 신으로 믿고서야 이해할 수 있다는 이야기다. 개신교 성향의 드류신학대학교 레너드 스위드 교수도 "'역사적 예수'는 '신앙의 예수'와 분리될 수 없다. 갈릴리 해변을 걸으셨던 예수님은 오늘 우리의 교회에 임하여 계신 분과 동일하시다"라고 말한다.

예수의 정신 혁명

두 가지 사건을 소개한다. 하나(마가복음 1장 14~20절)는 '부르심'이고 또 하나(마가복음 1장 21~28절)는 '치유하심'이다. 맥락이 서로 다를 수 있다. 그러나 둘은 연관관계가 깊다.

인간의 몸으로 온 예수가 택한 공간은 갈릴리였다. 이곳은 변방이다. 사람들 눈길이 잘 미치지 않는 곳, 여간해서는 사람들의 발길이 닿지 않는 곳이다. 이현주 목사가 쓴《예수에게 도를 묻다》라는 책은 갈릴리를 두고 "그런 곳이 혁명의 씨를 싹 틔우는데 가장 알맞은 땅"이라고 표현한다. 하늘 혁명, 즉 정신 혁명은 언제나 변두리에서 아무도 모르게 비롯된다는 것이다.

정신 혁명은 상대를 힘으로 제압하거나 체제를 장악하는 게 아니다. 백성들의 마음을 장악하는 것이다. 다른 혁명과 달리 정신 혁명은 완력이나 금전이 아닌 심금을 울리는 자발적 복종이 필요하다. 하드 파워가 아닌 소프트 파워를 말한다. 하버드대학교 교수인 조지프 나이가 쓴《소프트 파워》라는 책에 언급된 '소프트 파워 Soft power'와 반대말인 '하드 파워 Hard power'를 주목해 보자. 쉽게 말해 하드 파워는 거친 권력, 소프트 파워는 부드러운 권력이다. 거친 권력은 공권력을 앞세운 힘을 상징한다. 반면 부드러운 권력은 굳이 법이나 제도, 공권력을 앞세우지 않더라도 토론과 설득의 과정을 거쳐 모두가 수긍하도록 만들고 이로써 모두에게 존경받는 권위를 말한다. 예수가 그 혁명의 첫 번째 주인공이었다.

혁명에 참여할 사람으로 예수가 택한 사람들은 다름 아닌 어부들이었다. 정신 혁명을 위해 수하에 사람을 두려면 우리 상식으로는 지식인, 철학자, 종교인, 공무원 등 최소한 글을 읽고 남을 가르칠 수 있는 사람을 생각할 것이다. 그런데 당시 어부들은 낫 놓고 기역 자도 몰랐던 사람들이다. 예수가 베드로, 안드레, 야고보, 요한을 차례로 불러 모을 수 있었던 이유는 이들에게 '이 답답한 세상에 뭔가 변화가 있었으면 좋겠다'는 갈망하는 마음이 꿈틀거렸기 때문이다. 자신의 인생뿐 아니라 세상에 근본적인 변혁이 있기를 바랐던 것이다. 이들의 공통점은 부요한 처지가 아니었다는 점이다. 이게 중요하다. 제자들은 예수가 식민지 로마를 내쫓고 새로운 세상의 정치적 지배자가 되고, 그 분위기 속에 자신들도 세속의 권력을 쥐고 싶어 했다.

하지만 예수가 시도한 정신 혁명은 비참한 죽음의 노정을 거쳐야 했다. 제자들로서는 '내가 왜 예수라는 사람에 홀려 따라다니다가 위험을 자초했지?'라고 후회했을 법하다. 수제자 베드로를 비롯해 예수의 제자들은 예수 죽음 직후에 어부의 자리로 돌아갔다. 이는 예수에 대한 미안한 마음 따위는 없었다는 반증이다. 그를 진정 그리스도라고 생각했다면, 단 한 올의 의리라도 있었다면, 최소한의 '자숙 기간'이라도 있어야 했다. 물론 이러한 기회주의적 본성을 예수가 모를 리 없었으리라. 그럼에도 예수는 그들을 불렀다. 그리고 다시 나타나 "나를 아직도 사랑하느냐", "내 양을 먹이라"라는 말을 건넴으로써, 정신 혁명의 진정한 취지와 가치를 알려준다. 과연 제자들은 죽는 그날까지 예수의 증인이 됐다.

예수를 믿는 게 천국 복락 또는 현세 축복을 위한 것이라고 생각한다면 그의 정신 혁명의 본질을 모르는 것이라 할 수 있다. 예수는 로마를 응징하고 이에 빌붙은 당대 기득권 세력을 초토화하는 혁명 대신, 십자가 죽음이라는 실패를 택했다. 이런 극적 장치를 통해서 자신의 힘 대신 사랑을 보이려 한 것은 아닐까.

이번에는 '치유하심'이다. 악령에 지배받던 사람이 "왜 우리를 간섭하십니까"라며 예수에게 따진다. 예수는 그 안에 악령을 향해 "이 사람에게서 나가라"라고 명령한다. 이 사람은 포박된 악령으로부터 벗어나 자유를 누린다. 〈마가복음〉에서 등장하는 예수의 첫 번째 이적이다.

이런 이적과 관련한 예수의 태도는 참으로 묘하다. 〈마가복음〉 1장 34절을 보면, "예수께서는 온갖 병자들을 고쳐 주시고 많은 마귀를 쫓아내시며 자기 일을 입 밖에 내지 말라고 당부하셨다"라고 했다. 43절에서는 한센병 환자를 고치고는 "예수께서 곧 그를 보내시면서 '아무에게도 말하지 말고'"라고 돼 있다. 〈마가복음〉 8장 12절을 보면, 오만방자하기 이를 데 없는 바리새인에게조차 "나는 분명히 말한다. 이 세대에 보여줄 징조는 하나도 없다"라고 한다. 예수는 자신의 신묘막측한 이적을 자랑하지 않았다. 보다 많은 이들에게 자신의 명성을 떨칠 수 있었음에도 왜 이런 홍보를 금한 것일까. 예수의 제자를 자처하는 부흥사 목사가 뿌려 대는 '병 고침의 역사', '능력의 종' 집회 안

내 전단이 무색해지는 행동 아닌가.

예수 이적의 진정한 의미

예수는 아마도 이적의 역사(役事, 하나님이 한 일)만큼 사람들의 말초 신경을 자극하는 게 없다고 본 것 같다. 예수의 능력만이 강조되고 가르침은 망각하는 부작용이다. 그런 의미에서 예수가 친히 십자가에서 죽는 길을 택한 것은 새로운 판단을 가능케 한다. 제자들이나 그를 따랐던 이에게 '능력'이 아닌 '사랑'의 존재로 자신을 바라보라는 뜻을 내포한 것이 아닌가 하는 것이다. 사실 추종자들 수준에 맞춰 '인기 관리'를 하려고 했다면, 예수는 고난 중에 십자가에서 못을 빼고 내려와 창칼 든 로마 군인을 차례로 주먹으로 제압하고는 죽음 없는 영광의 길을 찾을 수 있었을 것이다.

당시만일까. 2,000년이 지난 지금도 우리 주변에서 예수를 마술사나 차력사 같은 존재로 보는 이들이 많다. 정말 예수가 그런 권위를 얻고자 했다면 주문 제식(祭式)을 하면서 이적을 베풀었을 것이다. 그러나 예수는 그렇게 하지 않았다.

나아가 예수는 이적을 감추는 정도가 아니라, 이적을 베푸는 주체가 자신이 아니라고 말한다. 〈마가복음〉 5장 34절을 보면, 야이로의 딸을 고친 후에 "여인아, 네 믿음이 너를 살렸다. 병이 완전히 나았으니 안심하고 가거라"라고 하지 않던가. 그러면서 이적이라고 불리는 은혜와 권능은, 갈망하는 자 스스로의 믿음을 통해 가능한 것이라고 말한다. 결국 하나님의 역사이자 도움이지만, 자신의 믿음에서 동력을 찾으라는 것이다. 이 말에 큰 위로를 얻는다. 나는 어려움이 있을 때, 실존하는 하나님에게 도움을 구한다. 나의 믿음이 구하는 바를 얻게 하고, 또 구원하게 할 줄을 믿는 것이다.

이적이라고 하는 것이 늘 비평과 검증 대상이 되는 것은 인식론적으로 자연적 인과가 없기 때문이다. A가 B를 건드려서 발생하는, 이른바 작용이라는 게 없다. 가령 퍼지던 암이 그치고 나중에는 저절로 소멸했다. 이럴 때 하는 말이 뭔가. '현대 의학으로는 설명이 안 되는 사건' 아닌가. 초자연적 실재다. 이것은 과학을 벗어난 종교의 범주다.

도올 김용옥이 쓴 《기독교 성서의 이해》를 보면, "예수가 행한 기적은 인간의 실존과 관계없는 초자연적 사태의 과시가 아니라 대부분 '질병의 고침'이나 '같이 나누어 먹음'과 같은 비근한 삶의 문제와 관련되어 있다"라는 말이 있다. 예수의 이적이 먹고사는 문제에 연결된다는 점을 주목하고 있는 것이다. 나면서 눈이 안 보였던 사람, 나면서부터 일어나지 못하는 사람, 나면서부터 손이 굽거나 남과 같지 않은 사람이 많다. 성경에도 등장한다. 당시 사고로는 조상이나 가문이 무슨 죄를 지어서 저런 게 아닌가, 전생에 무슨 잘못을 해서 저런 게 아닌가 하는 것이다. 몸이 불편한 것도 서러운데 그런 시선까지 받으니 죽겠는 거다.

예수는 그들에게 앞을 보게 했고, 일으켜 세웠고, 손을 펴 주었다. 그 저주의 고리를 끊어 버렸다. 그들을 몸과 마음으로부터 해방시켰다. 예수의 이적의 핵심은 바로 여기에 있다. '영적·정신적 해방!' 예수의 부르심과 치유하심 모두 사람의 상식으로 가늠되는 물적 혁명이 아닌 정신 혁명이다. 우리는 예수의 이적을 초자연적 능력이 아니라, 극진한 사랑의 결과로 이해해야 한다. 나는 예수의 이적이 사실이라고 믿는다. 그러나 그보다 더한 인류를 향한 예수의 지극한 사랑을 믿는다.

율법보다 중요한 것

마가복음 2:16~28

16 바리새파의 율법학자들은 예수께서 죄인과 세리들과 한 자리에서 음식을 나누시는 것을 보고 예수의 제자들에게 "저 사람이 세리와 죄인들과 어울려 같이 음식을 나누고 있으니 어찌 된 노릇이오?" 하고 물었다. 17 예수께서 이 말을 들으시고 "성한 사람에게는 의사가 필요하지 않으나 병자에게는 필요하다. 나는 의인을 부르러 온 것이 아니라 죄인을 부르러 왔다" 하고 대답하셨다. 18 요한의 제자들과 바리새파 사람들이 단식을 하고 있던 어느 날, 사람들이 예수께 와서 "요한의 제자들과 바리새파 사람의 제자들은 단식을 하는데 선생님의 제자들은 왜 단식을 하지 않습니까?" 하고 물었다. 19 예수께서는 이렇게 대답하셨다. "잔칫집에 온 신랑 친구들이 신랑이 함께 있는 동안에야 어떻게 단식을 할 수 있겠느냐? 신랑이 함께 있는 동안에는 그럴 수 없다. 20 그러나 이제 신랑을 빼앗길 날이 온다. 그때에 가서는 그들도 단식을 하게 될 것이다." 21 "낡은 옷에 새 천 조각을 대고 깁는 사람은 없다. 그렇게 하면 낡은 옷이 새 천 조각에 켕겨 더 찢어지게 된다. 22 또 낡은 가죽 부대에 새 포도주를 넣는 사람도 없다. 그렇게 하면 새 포도주가 부대를 터뜨려 포도주도 부대도 다 버리게 된다. 새 포도주는 새 부대에 담아야 한다." 23 어느 안식일에 예수께서 밀밭 사이를 지나가시게 되었다. 그 때 함께 가던 제자들이 밀 이삭을 자르기 시작하자 24 바리새파 사람들이 예수께 "보십시오, 왜 저 사람들이 안식일에 해서는 안 될 일을 하고 있습니까?" 하고 물었다. 25 예수께서는 이렇게 반문하셨다. "너희는 다윗의 일행이 먹을 것이 없어서 굶주렸을 때에 다윗이 한 일을 읽어본 적이 없느냐? 26 아비아달 대사제 때에 다윗은 하나님의 집에 들어가서 제단에 차려 놓은 빵을 먹고 함께 있던 사람들에게도 주었다. 그 빵은 사제들 밖에는 아무도 먹을 수 없는 빵이 아니었더냐? 27 예수께서는 이어서 이렇게 말씀하셨다. "안식일이 사람을 위하여 있는 것이지, 사람이 안식일을 위하여 있는 것은 아니다. 28 따라서 사람의 아들은 또한 안식일의 주인이다."

세리와 밥을 먹은 이유

　　　　　　　말을 잘한다고 모두 토론을 잘하는 게 아니다. 토론을 잘하기 위해서는 해당 분야에 대한 충분한 인식의 토대 위에, 이와 관련한 자신의 철학과 신념을 더하고, 그러면서도 진정성 있는 실천 의지를 고루 인정받아야 한다. 그래야 '말 잘한다'는 평가를 받을 수 있다.

　본문은 '토론의 달인 예수'의 모습을 보여 줄 것이다. 쟁점은 크게 세 가지다. 세리와 밥을 같이 먹은 것, 바리새인의 형식으로 단식하지 않은 것 그리고 안식일에 일하는 것이다. 오늘날에 보면 어떤 것도 문제될 사안이 아니다. 누군가와 밥을 먹거나, 단식하거나, 일요일에 일하는 것이 남이 뭐라고 할 일인가. 그러나 당시에는 민감했다.

　세리와 밥을 함께 먹은 것이 왜 시빗거리가 됐을까. 예수가 활동하던 시기, 팔레스타인에서는 그 지방 영주였던 헤롯이 세금을 걷었다. 그런데 관청에서 직접 걷지는 않았다. 임차료를 내는 민간인 즉 청부업자가 대행했다. 이 민간인이 바로 세리였다. 세리는 국가와 합의해서 연간 납부액을 결정한 다음, 부족하면 물어내고 넘치면 가졌다. 당연히 차액을 남기기 위해 세금을 최대한으로 부과했다. 물세, 시장세, 생활필수품세, 집세는 물론이고, 각 지역의 경계마다 서서 통행세까지 받아 냈다. 세금은 권력자가 국민의 주머니에서 마음껏 꺼내 쓰는 쌈짓돈 같지만 잘못 남용하면 권력의 근간이 흔들린다. 그래서 어떤 명목의 세금이든 국민에게는 피와 같다.

그러니 그 세금을 걷어 가는 세리는 권력자 못지않게 원성의 과녁이었다. 악명이 높을 만도 한 게, 로마에 있던 물건이 팔레스타인에 와서는 백 배나 비싸졌다는 기록도 있었다고 한다. 그래서 유대 사회에서 세리들은 강도, 살인자, 사기꾼들과 동일시되었고, 자기 민족을 등쳐 먹으며 자기 재산을 불리는 매국노라고 취급됐다. 유대교를 믿고자 한다면 세리를 그만두어야 했다. 오늘로 말하자면 성매매업을 하면서 신앙인을 자처할 수 없는 원리다.

예수가 그런 세리들과 식사를 같이 한 것이다. 이를 지켜보고 말 바리새인들이 아니었다. 바리새인은 전통과 형식을 철저하게 준수하던 사람들이었다. 그래서 율법에 대해서 비판적 입장을 취하는 예수를 못마땅해 했다. 〈마태복음〉과 〈누가복음〉에는 이들이 예수에게 지어 준 별명이 나와 있다. 먹보 그리고 술꾼이었다. 얼마나 잘 먹고 잘 마셨으면 저런 세리 같은 죄인들과도 어울려 즐길 수 있는가 하고 비꼬는 것이다.

한국 교회의 오랜 전통 중에 대표적인 것이 바로 술과 담배를 금하는 것이다. 왜 한국 교회에서는 기독교인의 음주와 흡연이 불허되는가. 일종의 전통이다. 1904년 한국선교사공의회는 술과 축첩을 방지하기 위해 신도들에게 술과 담배를 끊도록 종용했다. "구한말과 일제 강점기에 패배 의식에 젖은 온 겨레가 술, 담배와 노름에 기대 현실 도피를 감행하고, 당대의 시詩들이 보여주듯 문학과 예술을 통해서도 심미적 감상주의, 퇴폐주의에 빠져 들던 시대에 교회의 금주·금연 운동은 일종의 국민 계몽 운동이었음은 물론이거니와 술·담배를 끊고 모은 돈으로 국채보상운동을 견인하는 사회·정치적 성격까지 지니고 있었다"라는 것이 《욕쟁이 예수》의 저자 박총의 설명이다.

따지고 보면 신약 성경에서 술을 금기하는 내용은 없다. 위장병으로 고생하는 제자이자 동역자였던 디모데에게 바울이 포도주를 조금씩 사용하도록 권했던 〈디모데전서〉 5장 내용을 봐도 그렇다. 그 외에도 "술 취하지 마십시오"(에베소서 5장 18절), "감독은 (중략) 술을 즐기지 않으며"(디모데전서 3장 3절), "술주정, 흥청대며 먹고 마시는 것, 그 밖에 그와 비슷한 것들입니다. (중략) 이런 짓을 일삼는 자들은 결코 하나님 나라를 차지하지 못할 것입니다"(갈라디아서 5장 21절)라고 했다. 어디를 봐도 술 마시는 것 자체를 금한 것은 아니었다. 세계 어느 나라 교회에서도 신자에게 술을 입술에 대는 것조차 금기하지 않는다. 또한 성경에는 담배에 대한 언급이 전혀 없다. 하지만 지금 한국 교회에서 술·담배 금지는 성경 그 이상의 원칙이 돼 버렸다. 상당수 보수 교단에서는 술·담배를 하는 자를 정죄한다.

문제는 주초酒草 금지에만 몰두하다가 율법주의에 빠지는 것이다. 바리새인도 그랬다. 율법을 준수하는 것은 아름다운 행위다. 술을 '마귀 오줌'으로 알며 예수를 믿은 이후 단 한 번도 술을 입에 대지 않고는 소천한 내 할아버지, 할머니를 율법주의자라고 매도할 수 없다. 왜냐. 자신처럼 살지 않는다고 해서 다른 사람들을 천민이라고 멸시하지 않았기 때문이다. 그러나 바리새인은 달랐다. 예수에게마저 "저 사람이 세리와 죄인들과 어울려 먹다니!"라며 공세를 취했다. 그러자 예수는 바리새인에게 이렇게 말했다. "나는 의인을 부르러 온 것이 아니라 죄인들을 부르러 왔다."

예수는 가난하고 앞이 안 보이고 병에 걸린 사람들과 어울렸다. 주류에서 밀려나 변방에서 머무는 자들과 함께 했던 것이다. 중요한 점은 예수가 자신의 '메시아 됨'을 드러내기 위해 이런 민중을 병풍으로 삼지 않았다는 것이다. 심지어 이들을 '내 어머니와 내 형제'로 삼았다. 1947년에 사해에서 발굴된 '사해문서'를 보면 당시 유대교는 이른바 정신 지체 장애인, 정신 질환자, 시각 장애인, 지체 장애인은 물론이고 어린아이도 '거룩한 성전'에 받아들이지 않았다고 기록됐다.

반면 예수는 갈릴리 지방 여러 도시를 돌아다니며 고통받는 장애인과 병자를 치료했고 어린이도 감싸 안았다. 지금이야 사회적 약자를 돌보는 것이 미덕이자 애써 연출하기까지 하는 자랑거리지만, 당시만 해도 불필요한 일을 넘어선 불경한 행동이었다. 앞서도 이야기했으나 신체 및 정신 장애를 '죄가 있으니 겪는 징벌의 결과물'로 보며 손가락질했기 때문이다. 예수는 이런 편견을 의지적으로 타파하려 했다. 실익이 전혀 없음에도 유대교가 버린 사람들을 끌어안았다. 예수의 사랑에는 이처럼 투쟁성이 있었다.

　예수는 이렇게 끌어안은 사람들이 얼마 가지 않아 자신에게 돌을 던지고 침을 뱉을 것을 알았을 것이다. 그럼에도 그들을 가슴으로 품었고 심지어 목숨까지 내어 줬다. 이것이 바로 '내 몸을 사르다'에서 비롯된 말, '사랑' 아니겠나. 죄인은 죄를 지은 사람이기 때문에 멀리해야 한다는 그 시대의 상식이자 통념이자 논리를 뒤집은 예수. 그는 이렇게 율법주의를 용도 폐기했다.

예수는 율법주의자가 아니었다

　또 하나의 쟁점은 단식이었다. 단식 즉 금식을 뜻하는 아랍어 '사움Sawm'은 알라에게 순종하고 알라의 은총에 감사하기 위해 내 안의 욕망과 싸우는 정신적 훈련이자 실천이기 때문에 '신에게 들어가는 문'으로 드높여진다. 인도의 자이나교에서는 '쌓인 업을 씻는 과정'으로 통한다. 불교에서도 물질적·육체적 쾌락에 대한 집착을 떨쳐 버리고 번뇌를 극복하는 수행의 한 방법으로 단식을 받아들인다고 한다. 예수도 광야에서 40일간 단식을 했다. 나에게는 다이어트였다. 지난 2004년이었다. 단식을 한지 3~4일쯤 되니까 죽을 만큼 고통스러웠다. 텔레비전을 켜면 삼겹살만 구워 댔다. 냄새가 수상기를 타고 나오는 듯했다. 그런데 일주일이 지나니까 음식에 대한 집착이 사라졌다. 무아지경이 됐다. 이러다 도인이 되는 건가 싶었다.

단식은 숭고하다. 그래서 '정치적 단식'이라는 외피를 띠는 경우가 많다. 조선시대에는 성균관 유생들이 상소가 받아들여지지 않으면 식당에 들어가는 것을 거부하는 권당捲堂이라는 관행이 있었다고 한다. 1913년 남아프리카에서 인종 차별에 항의해 단식을 시작한 뒤 인도의 독립 등을 요구한 마하트마 간디는 열일곱 차례나 단식을 했다. 환경 파괴라는 이유로 천성산 터널 공사에 반대해 2003년부터 3년 동안 총 241일에 걸쳐 단식을 한 지율스님도 있다. 항일운동 전면에 섰던 면암 최익현, 여성 독립운동가 남자현은 원수의 밥을 먹을 수 없다며 일제의 음식을 거부하다 끝내 굶어 죽었다.

종교의 범주에서 단식은 고행의 의미가 크다. 적어도 1년에 한 번, 즉 속죄의 날에 의무적으로 단식하는 것은 유대인의 의무였다. 예수의 제자들도 딱 하루, 이날만큼은 음식을 금했다. 그러나 매주 두 번, 월요일과 목요일에 단식한 바리새인으로서는 흡족하지 않았다. 예수에게 "우리는 율법에 따라 수시로 단식을 하는데 왜 당신은 단식을 하지 않습니까?"라고 묻는다. 이 말은 상대를 탓하는 것도 있지만 자신의 우월함을 강조하는 것이기도 하다. 이 속을 뻔히 아는 예수는 일침을 놓는다. "잔치 자리에 와서 단식하라고 말할 수 있는가"라고 말이다. '밥 많이 먹어라'고 하면서 '못 본 새 살쪘다'고 하는 사람만큼 얄미울 수 있을까. 먹고 즐기는 자리에 와서 금욕 운운하는 태도도 마찬가지리라. 예수는 덧붙이기를 "잔치가 끝나면 단식할 것"이라고 했다. (이 말을 따르려고 했는지 예수가 세상을 떠난 다음인 1세기 말엽, 그리스도 교회에서는 수요일과 금요일에 단식하는 풍습이 생겼다.)

그러면서 "새 포도주는 새 가죽 부대에 넣어야 한다"라고 했다. 예전에는 술을 가죽 부대에 담아 나귀나 낙타를 이용해 실어 날랐다. 무거운 액체를 담아서 흔들리는 이동 수단으로 옮기다보면 마찰이 생긴다. 표피가 얇어지고 약해지는 것은 당연하다. 더구나 이 액체는 술이다. 발효하게 된다. 따라서 가죽 부대는 소모품처럼 몇 번 쓰면 버려야 한다. 결국 예수의 말은 과거의 구습과 잣대로 오늘을 이야기하지 말라는 뜻이다.

고행은 누구를 위한 것인가. 전통과 규율에 따른 것인가 아니면 진정성 있는 자기희생 의지의 표현인가. 예수는 단식의 참뜻을 묻는다. 예수 믿는 신앙은 항상 비논리적이고 비정합적인 것이어야 속 편하다고 생각하는 이들이 있다. 괜히 이성과 합리성을 따지면 끝도 없다며 덮어 놓고 믿고 보자는 거다. 그러나 이렇게 되면 바리새인처럼 규칙만 따지게 된다. 율법의 참된 의미를 외면한다. 당연히 자신의 욕망을 누른 데 따른 보상 심리

율법보다 중요한 것

가 발동한다. '내가 금욕한 만큼 이에 합당한 내 권리를 행사해야 한다'는 마음 말이다. 이러다 보니 남을 비방하면서 자신을 높이려 한다. 바리새인은 전통에 기댄 반면, 예수는 본질에 다가섰다. 어떤 자세가 본받을 덕목일까.

안식일에 밀 이삭을 뜯는 예수 제자의 행동도 쟁점이었다. 배고파서였는지 아니면 입이 심심해서였는지 그 동기는 알 수 없으나 바리새인에게 이 행동이 용납될 리 없었다. 그도 그럴 것이 율법에서는 서른아홉 가지 노동을 금했기 때문이다. 그 가운데 하나가 추수였다. 그러자 예수는 사울에게 쫓기다가 제사장 아히멜렉에게 가서 제사 때 쓰일 빵을 얻어먹은 다윗의 이야기를 전한다. 율법에 따르면 제사 때 쓰일 빵은 제사장 외에는 손댈 수 없는 음식이었다. 하지만 굶어죽기 직전 상태의 다윗을 두고만 볼 수 없었던 아히멜렉이 결국 인도주의적 선택을 한 것이다.

여기서 조금 긴 여담을 해 본다. 〈마가복음〉은 다윗에게 빵을 건넨 이를 아히멜렉의 아들 아비아달로 기록했다. 틀렸다. 성경에 일점일획의 오류조차 없다고 하더니 어찌 이런 일이 일어났을까. 물론 성서무오설 입장에 선 사람들은 이에 대해 장황하게 설명한다. 오류가 아니라는 것이다. 손바닥으로 가릴 수 없는 게 하늘이다. 오류를 인정하지 않을수록 진실로부터 멀어진다. 성서무오설의 문자주의도 실은 바리새인의 특징인 율법주의의 소산이다.

세계교회협의회WCC 부산총회의 성공적인 개최에 협조하기 위한 '공동 선언문'은 2013년 한국 개신교의 최대 쟁점이었다. 세계교회협의회 부산총회 책임자인 명성교회의 김삼환 목사가 한국기독교교회협의회NCCK 김영주 총무, 한국기독교총연합회(한기총) 회장 홍재철, 전 회장인 길자연 이 네 명이 함께 공동 선언문을 발표하자고 제안한 모양이다. (한국기독교교회협의회는 진보적 교회연합기관이고, 한기총은 보수적 교회연합기관이다.) 누구도 거절할 이유가 없었다. 김삼환 목사의 뜻은 특히 반대 조직도 만들 만큼 완고한 한기총에게 협력의 명분을 주자는 취지였을 것이다. 그런데 한기총 측에서 공동 선언문에 조건을 내걸었다. '종교 다원주의 배격', '공산주의, 인본주의, 동성 연애 등 반복음 사상 반대', '개종 전도 금지주의 반대', '성경 66권 무오설 천명에 대한 합의' 등이었다. 세계교회협의회의 이념과 철학에 반하는 깃이었지만 김영주 총무는 결국 합의했다.

그러자 한국기독교교회협의회 내부에서 큰 반발이 일어났다. 신학계도 발끈하고 나섰다. 그 가운데 성서무오설 부분은 이렇게 반박됐다. 한국문화신학회는 "우리는 무엇이 복음에 반하는 인간적 사상인지를 항상 물어야 할 의무를 가짐과 동시에 그러한 판단 아래 우리 자신도 겸손하게 서야 함을 고백합니다. 우리는 하나님의 말씀과 성서의 텍스트를 단지 문자적으로 동일시하는 것은 인간의 지혜를 뛰어넘는 하나님의 초월적 자유를 감추는 위험한 우상 숭배일 수 있다고 생각합니다"라고 했다. 하나님의 역사와 은혜를 성경 66권의 텍스트로 묶어 두는 태도는 하나님을 믿는 게 아니라 텍스트를 믿는 우상 숭배라는 이야기다.

한신대학교 신학과 교수들은 "기록된 문자를 넘어 성경 안에 담긴 하나님의 뜻을 찾아내려는 다각적인 노력을 기울이는 것은 성경의 권위를 대하는 신앙인의 참 자세"라는 입장을 내놓았다. 만약 기록된 문자에서만 하나님의 뜻을 찾는다면, 우리는 지구 온난화, 자본권력의 탐욕 같은 전 지구적 문제에 대해 아무런 대안을 내놓을 수 없다. 결국 공동 선언문이 파기됐다. 그러자 한기총은 한국기독교교회협의회가 "종교 다원주의를 주장하고 복음에 반하는 사상을 찬성했다"라며 "적그리스도요, 이단"이라고 규정했다. 답답하다.

철저한 문자주의를 앞세우는 교단 중에는 고신이 있다. 2002년 이 교단의 한 목사는 "주일 예배(대예배)만 참석해도 주일을 성수했다는 '면죄부'를 주고, 주일에 근무하거나 각종 국가고시 등을 이유로 교회 출석을 못한 교인에게는 죄책감과 신앙 불량자라는 낙인을 찍는다"라며 자신이 속한 교단의 안식일관에 대해 비판했다가 제명당했다. 이 교단에서 안식일 준수는 거의 교회의 정체성과 다름이 없다. 주일 예배 필참은 물론, 주일에는 돈을 쓰면 안 된다는 철칙도 있다. 1960년 택시 배웅 사건이 상징적인 예다. 이 교단의 신학교장이었던 박윤선 목사가 주일날 외국인 선교사를 배웅해야 했다. 그런데 늦었다. 그래서 돈 주고 택시를 탔다. 이게 문제가 됐다. 그래서 교단에서 교장 자리를 박탈하다시피 했다. 얼마 후, 박윤선 목사는 교단을 나갔다. 이들을 위한 예수의 말이 있다. 〈마가복음〉 2장 27절이다. "안식일이 사람을 위하여 있는 것이지, 사람이 안식일을 위하여 있는 것은 아니다." 이번 논쟁 또한 예수의 완승이었다.

진리가 너희를 자유롭게 한다

그 뒤에도 바리새인은 예수에게 '가이사에게 세금을 바쳐야 하는가, 바치지 말아야 하는가'라는 질문을 던진다. 자칫하면 정치범으로 몰려 죽거나, 보수 신앙을 가진 유대인에게 죽을 수도 있다. 이뿐 아니다. 간음한 여성을 끌어와 예수 앞에 놓이고는 '죽일까, 말까'라며 묻는다. 죽이지 말라고 하면 간음을 두둔하는 것이고, 죽이라고 하면 사랑이라는 가치를 스스로 저버리는 것이 된다. 그러나 예수는 바리새인보다 한 수 위였다. 그들에게 "가이사의 것은 가이사에게, 하나님의 것은 하나님에게!", "너희 중에 죄 없는 자가 먼저 돌을 들어 저 여자에게 던져라!"라고 말하며 그 얕은 의도를 뭉개버린 것이다. 또 바리새인의 패배였다.

바리새인이 안타깝다. 하나님의 깊은 뜻을 헤아릴 줄 아는 사람이 하나님을 바로 믿을 수 있다. 신앙을 자기 편의와 목적에 맞게 만드는 과정에서 신은 괴물로 돌변한다. 시골 교회 집사였던 동화작가 권정생은 《우리들의 하나님》에서 이렇게 말했다. "기독교 2,000년 역사 가운데서 예수님은 많이도 시달려 왔다. 한때는 십자군 군대의 앞장에 서서 전쟁과 학살에 이용당하기도 하고, 천국 가는 입장료를 어마어마하게 받아내는 그야말로 뚜쟁이 노릇도 했고, 대한민국 기독교 100년사에서는 반공 이데올로기의 선봉장이 되어 무찌르자 오랑캐를 외쳤고, 더러는 땅투기꾼에게 더러는 출세주의자에게, 얼마나 이용당하며 시달려 왔던가." 한완상 전 통일부총리는 "하나님을 부족신, 동네 깡패로 만들어서는 안 된다"라고 했다. 성서무오설 등을 반박하는 이들을 적그리스도로 낙인찍는 한기총은 이 말에 응답해야 옳다.

오늘날 기독교인들은 여러 질문 앞에 선다. '신은 있는가' 부터 '신이 있다면 교회는 왜 이토록 썩었는가', '사회는 왜 이렇게 황망한가'까지. 참으로 답하기 궁색해진다. 이럴 때는 토론으로 맞서기보다 침묵으로 대응하는 것이 최선인 것 같다. 왜냐. 그 질문 끝에는 물음표가 아닌 느낌표가 있기 때문이다. 그들은 토론하자는 게 아니라 유감을 표시하는 것이다. 그들의 목소리를 경청해야 한다. 그리고 대안을 마련해 실천해야 한다. 교회에 비판이 날아올 때 '반기독교 세력의 조직적 교회 흔들기'라며 매도하는 행동은 바른 태도가 아니다. 그런 의미에서 세습 반대의 목소리가 커지자 "자꾸 그 목소리가 나오면 대응하겠다"라는 한기총의 행태는 매우 안타깝다.

　본질에 가까울 때, 진리에 다가갈 때 우리는 모든 논리 앞에 당당해질 수 있다. 한국 교회가 본질로부터 많이 벗어났다면 그 길에 다시 들어서는 것이 백 마디의 말보다 나은 길이다. 결국 그 길에 들어설 때 우리는 자유롭게 될 것이다. "진리가 너희를 자유롭게 한다." 토론의 달인, 예수의 언행에 숨은 철학이다.

비유를 통해 자유를 찾다

마가복음 4:26~34

26 예수께서 또 말씀하셨다. "하나님 나라는 이렇게 비유할 수 있다. 어떤 사람이 땅에 씨앗을 뿌려 놓았다. 27 하루하루 자고 일어나고 하는 사이에 씨앗은 싹이 트고 자라나지만 그 사람은 그것이 어떻게 자라는지 모른다. 28 땅이 저절로 열매를 맺게 하는 것인데 처음에는 싹이 돋고 그 다음에는 이삭이 패고 마침내 이삭에 알찬 낟알이 맺힌다. 29 곡식이 익으면 그 사람은 추수 때가 된 줄을 알고 곧 낫을 댄다." 30 예수께서 또 말씀하셨다. "하나님 나라를 무엇에 견주며 무엇으로 비유할 수 있을까? 31 그것은 겨자씨 한 알과 같다. 땅에 심을 때에는 세상의 어떤 씨앗보다도 더욱 작은 것이지만 32 심어 놓으면 어떤 푸성귀보다도 더 크게 자라고 큰 가지가 뻗어서 공중의 새들이 그 그늘에 깃들일 만큼 된다." 33 예수께서는 그들이 알아들을 수 있을 정도로 이와 같은 여러 가지 비유로써 말씀을 전하셨다. 34 그들에게는 이렇게 비유로만 말씀하셨지만 제자들에게는 따로 일일이 그 뜻을 풀이해 주셨다.

설교의 뿌리

하나님의 말씀이 카메라로 촬영한 영상본이라면 어떨까. 혹은 한 편의 인쇄된 책이라면 어떨까. 진정한 하나님의 뜻이 무엇인지 하는 논란은 크게 줄었을 것이다. 그렇게 되면 영지주의(선택받은 자에게만 주어지는 영적인 지식, 또는 그 지식 위에 형성된 종교 체계를 주장하는 종교 사상) 논란부터 역사적 예수 즉 사실로써의 예수는 어떠했느냐와 관련한 시비, 종교 다원주의 등의 신학 논쟁은 물론이고 신앙의 차이로 인한 전쟁도 거의 없었을 것이다. 그러나 현실은 그렇지 않다.

당시에 종이는 없었다. 종이는 후한 때인 기원후 105년경 제조됐는데, 이스라엘과 가까운 이라크 바그다드에 도달한 시점은 793년이다. 이미 성경 시대가 다 지난 이후였다. 물론 종이가 없다고 기록을 못한 것은 아니다. 양가죽으로 만든 양피지와 풀의 줄기로 만든 파피루스에 지금은 쓰지 않는 펜으로 마치 도장을 파듯 정성껏 기재했다. 성경 원본이 대략 이렇게 만들어졌다. 하지만 이것을 많은 사람에게 읽히게 해 교훈으로 삼게 할 요량은 아니었다. 문맹자가 절대 다수였고, 인쇄술도 없었기 때문이다.

이러다 보니 당시에는 글을 읽을 수 있는 사람이 예수의 말씀이 기록된 것을 읽거나 외워서 교회마다 다니며 퍼뜨렸다. 이

것이 바로 설교의 뿌리라 할 수 있겠다. 아니, 진정한 원조가 따로 있다. 바로 예수 그 자신이다. 예수는 제자들을 비롯한 수많은 군중에게 말했다. 그러나 예수의 설교는 이래라저래라 하는 일방적인 훈계가 아니었다. 비유를 통해 사람들 스스로 깨달을 수 있도록 하기 위함이었다.

예수가 했던 성경에서의 비유는 정말 적지 않다. 복음서에 소개된 비유는 마흔아홉 가지 정도 된다. 정곡을 찌르는 직설 화법은 뒷감당 때문에 부담이 크지만 하기는 쉽다. 속에 있는 말을 그대로 토하면 되기 때문이다. 반면 비유 화법에는 머리 굴리는 시간과 노력이 필요하다. 하지만 빠져나갈 구멍이 많으면서도 하고 싶은 말은 다 할 수 있다. 아울러 그것이 상대방을 비판할 목적이라면 충분히 약 올리고도 남을 수 있다. 예수는 자신을 어떻게든 골탕 먹이려 들었던 바리새인에게 효과적으로 반박할 때 이런 비유 화법을 애용했다.

대표적인 게 '선한 사마리아인의 비유'다. 길 가던 사람이 강도에게 상해를 당해 피를 흘리고 있었다. 그때 신앙심이 깊은 유대인들은 모른 체하고 지나가는 반면, 천시되던 사마리아 사람이 그를 구조해 치유했다는 이야기다. 지금으로 따지면 지식인이라 할 수 있는 당시 유대인들을 부끄럽게 만드는 비유였다. 지위와 계급이 아닌 진정성과 실천력이 하나님 나라에서 더 가치가 있다는 뜻 아닌가. 돌고 돌아 이야기하는 것 같지만, 저 잘난 맛에 사는 바리새인을 비꼬는 데는 비유만한 게 없다. 아마 그런 터에 바리새인은 화가 더 많이 났을 것이고 예수를 죽이는 '영적 역모'를 보다 이른 시기에 결심했을 것이다.

예수가 비유를 사용한 목적은 무엇이었을까. 하나님 나라의 비밀, 즉 진리를 세상 사람들이 알아듣기 쉽게 이야기하기 위함이다. 하나님의 진리는 무한하다. 그 뜻은 인간의 헤아림으로는 도저히 파악이 안 될 만큼 깊이가 있다. 이것을 설명하려면 인간의 눈높이에 맞게 이야기해야 한다. 그게 바로 비유다. 그래서 누군가 성경의 비유를 '하늘의 의미를 갖고 있는 땅의 이야기'라고 간결하게 정의한다.

비유를 사용한 목적이 〈마가복음〉 4장 12절에도 거론되는데 이건 참 이상하다. "(내가 비유하는 이유는) 보고 또 보아도 알아보지 못하고, 듣고 또 들어도 알아듣지 못하게 하려는 것이다." 혹시라도 알아들으면 어떻게 할까봐, 알아듣지 못하게 하려고 비유한다는 말이다. 무슨 이런 말이 다 있나 싶을 거다. 보수 성향의 신학자들은 '예수님을 영접해야만 하나님 나라 안에 거할 수 있다는 것을 강조하고 있는 것'이라고 애써 설명한다. 맞는 이야기일까.

이게 무슨 이야기일까. 정양모 신부는 《마르코 복음서》라는 주해서에서 이런 식으로 풀이했다. "예수는 당신이 누구인지를 밝히지 않았다. 이는 고난을 자초하기 위함이었다. 고난을 당해야만 비로소 메시아가 될 수 있기 때문이었다. 따라서 예수가 비유를 많이 들었던 것은, 자신이 직설 화법을 쓰면 메시아인 줄 단번에 알 수 있기 때문에 그걸 피하기 위해서였다." 이를 어려운 말로 '묵시 문학적 예정설'이라고 표현한다. 그러나 방금 그 성경의 이야기가 유대계 그리스도교회에서 만든 말이라는 이야기도 있다. 사실 예수가 인간들을 헷갈리게 하려고 비유를 지어냈다는 것은 지금도 납득하기 힘들다.

내가 아는 어떤 대학교수는 난해하기 이를 데 없는 논문을 써 놓고는, 이를 '해독'한 제자에게 화를 냈다고 한다. 이른바 지식인을 자처하는 이들 중에는 자신의 아는 바, 깨달은 바, 믿는 바를 은어로 유통하는 경우가 많다. 어려운 말을 만들어 자신의 학문적 기량을 돋보이게 하고, 배움의 기회가 적었던 이들을 조롱할 목적이리라. 예수의 비유에는 이런 발칙함이 없다.

비유의 세 가지 특징

여러 기록을 인용해 보면, 예수의 비유는 세 가지 특징이 있다. 우선 친숙한 소재를 끌어다 썼다는 점이다. 새, 백합, 빵, 포도주, 신랑, 등잔, 누룩, 동전, 씨 뿌리기, 레위 사람, 사마리아 사람, 제사장 등……. 당시 사람들에게는 친숙한 것이었다. 이는 〈마태복음〉 6장 26절 "공중의 새들을 보아라. 그것들은 씨를 뿌리거나 거두거나 곳간에 모아들이지 않아도 하늘에 계신 너희의 아버지께서 먹여 주신다", 28절 "들꽃이 어떻게 자라는가 살펴보아라. 그것들은 수고도 하지 않고 길쌈도 하지 않는다"라는 구절에서 접할 수 있다. 예수는 이른바 소득과 학력 수준이 낮은 계층의 사람들에게 씨 뿌리는 자, 알곡과 쭉정이, 신랑을 언급한다. "(씨가 땅에 뿌려질 때 말라 버리는 것도 있지만) 싹이 나고 잘 자라 열매를 맺었는데, 열매가 30배가 된 것도 있고 60배가 된 것도 있고 100배가 된 것도 있었다"라는 〈마가복음〉 4장 8절과, 〈마태복음〉 3장 12절에 언급된 "알곡은 모아 곳간에 들이시고 쭉정이는 꺼지지 않는 불에 태우실 것이다"라는 문장이 대표적이다. 아울러 바리새인이나 서기관같이 지도층에 있는 사람들 앞에 설 때에는 또 그들에게 익숙한 지도자 모세, 성전에서 제사를 지낼 때 부자들이 사용했던 잔·대접·박하·운향·선설빙 같은 키워드를 이용했다. 〈마태복음〉 23장 23절에 나오는 "너희는 박하와 회향(운향)과 근채에 대해서는 10분의 1을 바치라는 율법을 지키면서 정의와 자비와 신의 같은 중요한 율법은 대수롭지 않게 여긴다"라는 내용이 그렇다.

예수의 비유의 두 번째 특징은 유머가 있었다는 점이다. 대표적인 코미디 프로그램 〈웃으면 복이 와요〉를 만들었던 고故 김경태 피디는 저작 《웃으며 살자구요》에서 예수의 유머를 다뤘다. 그는 예수의 비유를 하나하나 살펴보면 그 안에 기지와 재치가 넘친다고 평가한다. 우선 "오른손이 하는 일을 왼손이 모르게 하라"(마태복음 6장 3절)라는 예수의 말을 생각해 보라. 손에 무슨 눈이 달렸나. 어떻게 왼손이 하는 걸 오른손이 볼 수 있다고 하는가. 또 바리새인을 일컬어 "저 자들은 말과 행동이 다른 사람이다"라고 해도 될 것을 "그들이 말하는 것은 다 실행하고 지켜라. 그러나 그들의 행실은 본받지 마라"(마태복음 23장 3절)라고 한 것을 떠올려 보라. 또 "어찌하여 너는 형제의 눈 속에 있는 티는 보면서 제 눈 속에 들어 있는 들보는 깨닫지 못하느냐"(마태복음 7장 3절)라는 말은 어떤가. 들보라 함은 대들보를 말한다. 대들보가 어떻게 눈에 들어가 있겠나. 이런 과장을 곱씹어 보면 웃음이 절로 나온다.

사소한 형식과 절차는 따지면서 엄청난 죄는 꿀꺽 삼키는 사람들을 꾸짖는 차원에서는 이런 비유를 했다. "하루살이는 걸러 내면서 낙타는 그대로 삼키는 것이 바로 너희들이다."(마태복음 23장 24절) 유머로 버무려진 예수의 이 비유는 아마도 어린 시절부터 교회 문턱을 드나든 오랜 교인에게는 그리 새롭지 않을 수 있다. 경험과 인식을 모두 지우고, 문맹들이 많았던 예수의 시대로 가서 찬찬히 짚어 보자. 이런 유머는 가치를 인정받을 것이다.

여담이다. 〈마가복음〉 10장 25절에는 "부자가 하나님 나라에 들어가는 것보다는 낙타가 바늘귀로 빠져나가는 것이 더 쉬울 것이다"라는 비유가 나온다. '왜 하필 낙타일까' 하는 생각을 해 볼 수 있다. '코끼리'라고 하면 더 실감날 텐데 말이다. 사연은 이렇다. 번역 과정에서 아랍어의 원어 'gamta(밧줄)'를

'gamla(낙타)'와 혼동한 것이다. 그렇다면 원래는 "부자가 하나님 나라에 들어가는 것보다는 밧줄이 바늘귀로 빠져나가는 것이 더 쉬울 것이다"가 정확하다는 설명이다.

예수의 비유의 세 번째 특징은 줄거리가 뻔하지 않았다는 점이다. 〈마태복음〉 13장에 나오는 겨자씨의 비유를 보자. 좁쌀만한 이 씨앗은 큰 믿음에 비유된다. 극명한 대조 효과를 노린 것이리라. 술 빚는 발효 물질로 흔하디 흔한 누룩을 거론한 〈마태복음〉 13장 33절은 또 어떤가. 천국과 엮어서 말하지 않는가. 〈누가복음〉 15장에 나오는 탕자의 비유에서 자녀가 거지꼴을 면치 못하고 돌아와 있을 때에 야유와 비난 대신 잔치를 베푸는 아버지의 태도는 쉽게 예견하기 힘들다. 이른바 의외성이 뚜렷한 것이다. 이는 일반의 예상과 짐작을 무너뜨리는 발상의 전환을 말한다. 예수는 이 의외성을 잘 살렸던 최고의 스토리텔러였다.

예수는 이러한 비유를 통해 사람의 아픈 마음을 달랬다. 생산성이 떨어져 경쟁력이 없다는 이유로, 더러는 균질화되지 못했다며 사회 부적응자 취급받으며 도태된 자들에게 예수는 '약한 자 힘 주고, 강한 자 바르게 하는' 주인공이다. 이들이 차별받는 한, 그 사회와 그 교회는 정의와 무관하다 하겠다.

비유의 핵심은 자유

　　　　　　　　　예수 비유의 핵심은 바로 '자유'다. 당시에 예수처럼 비유를 통해 말하는 사람은 극히 적었을 것이다. 왜냐. 모두의 일상이 팍팍했기 때문이다. 나는 예수가 했던 비유에서 예수의 자유로움을 느낀다. 지금 우리에게는 격식 차리고 무게를 잡는 듯한 신적인 예수의 모습이 각인되어 있다. 하지만 성경에 의하면 당시 예수는 먹고 마시는 것을 좋아하고, 제자 열두 명을 끌고 다니며 풍찬노숙을 하기도 했다. 자유로움 그 자체였던 것이다. 자유로움 속에서 창의성이 샘솟는다. 이런 분위기 속에 예수의 비유가 나왔을 것이라고 생각한다. 그 자유로움은 억눌리고 가난한 당대 민중들에게 큰 위로가 됐으리라 짐작된다.

　　예수는 자유로웠는데, 오늘날 교회는 자유를 두려워한다. 실체가 있는지도 모를 자유주의 신학을 마치 사탄의 농간인 양 몰아붙이는 태도부터 그렇다. 이 과정에서 인간의 지성은 무시된다. 그 지성을 가능케 하는 두뇌가 하나님으로부터 창조됐는데도 그렇다. 그리고 그들은 전체주의를 지향한다. '온 세계의 복음화', '한국 개별 도시의 성시화' 등의 구호를 보라. 여기에 다양성은 없다. 타 종교와의 건강한 공존을 이야기하면 종교 다원주의로 치부되고, 동성애자의 권리를 옹호하면 동성애를 장

려한다고 비난받고, 성서에 대한 다양한 해석은 성경 66권을 부정하는 배교 행위로 매도된다. 사실 상호 견해차를 드러내는 학문끼리 견제하는 것은 나쁘지 않다. 이것도 일종의 자유의 발현이다. 하지만 지금 한국 교회의 횡포는 공평하고 공정한 토대 위에서 이뤄지는 게 아니다. 반드시 권력 작용이 수반된다. 힘 있는 자 또는 다수가 힘없는 자, 약자를 짓밟고 옥죄는 구도라는 것이다. 논리는 사라지고 겁박만 남는다. 그래서 비판이 아닌 매도가 된다.

이를 예견했을까. 존 스튜어트 밀은 《자유론》에서 '다수의 횡포'에 맞섰다. 절대화된 다수의 믿음이 소수의 다른 목소리 위에 군림할 수 없다는 것이다. 15세기 이후 유럽에서 맹위를 떨친 마녀사냥은 어떤가. 사탄과 성관계를 맺었다는 가당치 않은 명분으로 수십만 명의 여성을 고문 취조했다. 결국 신실과는 무관한 "그래요. 마귀와 잠자리를 가졌어요"라는 '자백'을 토해 내게 했다. 그게 끝이 아니었다. 처형에 재산 몰수까지 가했다. 야만의 시대를 끝내고 자유와 해방과 평화를 남긴 예수가 승천한 이후에 예수교를 참칭하는 이들이 벌인 폭거다. 마녀사냥의 핵심 기제인 공포는 일종의 통치 이데올로기이다. 종종 '종북몰이'로 국가적 '교련' 교육을 획책하는 한국 사회의 보수 세력을 보라. 그들은 실체조차 없는 북의 위협을 뻥튀기해 가며 공포를 조장하고 선거마다 이를 오용한다.

비유는 자유의 결과물이다. 상상이 대표적이다. 상상하니

존 레논의 노래 〈이매진〉이 생각난다.

"국가가 없다고 상상해 봐
신념을 위해 죽이지도 않고 죽일 일도 없고
종교마저 없다고 상상해 봐
모든 사람이 평화롭게 사는 것을 상상해 봐

(중략)

누구도 소유하지 않는다고 상상해 봐
탐욕도 필요 없고 굶주림도 없고
오직 인간에 대한 사랑만 존재한다고 상상해 봐"

함께 공존하기 위해 종교, 국가, 소유, 체제, 이데올로기, 신념에 집착하지 말자는 이야기이다. 종교가 없는 세상을 상상해 보자는 대목에서 숨이 멎는다. 그의 눈에는 종교가 자유와 상상을 억압하는 존재로 비춰졌던 것이다.

가만히 있을 당대 기득권자들이 아니었다. 리처드 닉슨 미국 행정부와 기독교 근본주의자들은 "뭐? 종교 없는 세상, 국가 없는 세상을 상상하라고? 불온하기 짝이 없는 무신론자, 무정부주의자, 아니면 공산주의자 아니야?"라며 비난을 퍼부었다. 존 레논은 그 뒤, 비자 연장 신청도 거부당했다.

율법과 형식을 뛰어넘어 자유와 복음을 선포한 예수도 처지는 다르지 않다. 그의 십자가형에는 '불경죄'가 더해졌다. 예수의 후예들이 예수가 죽은 그 죄목으로 남을 탄압하고 기득권을 유지하는 비극의 시대다. 이런 시대일수록 자유를 갈망하게 된다. 자유를 허하라.

'좁은 문'
두 개의 이야기

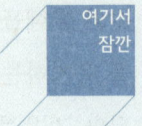
여기서 잠깐

구원의 조건

"좁은 문으로 들어가거라. 멸망에 이르는 문은 크고 또 그 길이 넓어서 그리로 가는 사람이 많지만 생명에 이르는 문은 좁고 또 그 길이 험해서 그리로 찾아드는 사람이 적다."(마태복음 7장 13~14절)

산상 수훈(신약 성경 가운데 5~7장에 실려 있는 예수의 가르침. 신앙 생활의 근본 원리가 간단히 정리·기술되어 있다)을 보면 온갖 이것 해라, 저 것은 하지 말라는 생활 규칙 같은 것이 많다. 7장보다 앞선 5장과 6장에서는 '남 욕하지 말라', '간음 정도가 아니라 음란한 마음을 품지도 말라', '이혼하지 말라', '맹세하지 말라', '보복하지 말라', '원수를 사랑하라', '착한 일 하려거든 남모르게 하라', '골방에 들어가 기도하라', '단식하더라도 표내고 하지 말라',

'재물을 쌓아두지 말라' 등의 이야기들을 한다.

이 규칙들을 지키기란 쉽지 않다. 그러나 16세기 칼뱅주의자와 대립했던, 네덜란드의 알미니안이라는 교파는 산상 수훈을 지켜야만 구원에 이를 수 있다고 했다. 화를 내도 지옥에 가고, 욕을 해도 지옥에 가고, 무시해도 지옥에 가고, 음욕을 품어도 지옥에 가고, 미워해도 지옥에 간다는 것이다. 일생을 음욕 없이 살 자신이 있는 남자는 나를 포함해 아무도 없을 것이라 짐작한다. 그런데 그런 노력을 하지 않은 사람이 없지는 않았다. 초대 교부였던 오리게네스가 대표적이다. 그는 순결한 생을 살겠다며 스스로 성기를 절단했다. 그러나 그렇게 해야만 구원받을 수 있다면, 천국은 지금도 미분양 사태에 직면해 있을 것이다. 오히려 도둑질을 해야만, 성폭행을 해야만 지옥에 간다는 바리새인의 규칙을 지키는 게 더 쉽고 편해 보인다.

하지만 우리가 알고 있는 예수는 죄와 율법의 올무에서 우리를 해방시킨 사람이 아닌가. (사실 자유를 모르는 우리에게 자유를 준다는 것은 행렬도 풀지 못해 힘들어 하는 사람에게 미분과 적분을 풀라고 하는 꼴이다.) 예수뿐만 아니라 하나님도 마찬가지다. 하나님이 율법을 지키는 일에 실패한 신자를 지옥에 보냈을까. 확답할 근거는 없지만, 하나님이 인간을 죄에 쉽게 노출되고 또 장악당할 수 있게 설계하고는, 모두 지옥에 가게 했을지 의문이다. 심정적으로 이해가 안 간다. 그러나 〈마태복음〉 5장 17절과 18절을 보면, "내가 율법이나 예언서의 말씀을 없애러 온 줄로 생각하지 마

라. 없애러 온 것이 아니라 오히려 완성하러 왔다. 분명히 말해두는데, 천지가 없어지는 일이 있더라도 율법은 일점일획도 없어지지 않고 다 이루어질 것"이라며 쐐기를 박는다.

그래서 일각에서는 산상 수훈으로부터 시작해 "좁은 문으로 들어가라"라는 언급은 일종의 반어법이라고 이야기한다. "지켜라. 그러면 자력으로 천국에 간다"라며 제시한 예수의 새 율법으로는 누구도 구원받기 힘들기 때문에, 결국 유대인들의 어리석음을 깨닫게 하기 위한 일종의 수사 Rhetoric라는 것이다.

예수 아닌 그 어느 누구도 죄인의 범주 밖으로 나갈 수 없다. 바리새인도 마찬가지였다. 〈마태복음〉 5장 20절이다. "잘 들어라. 너희가 율법학자들이나 바리새파 사람들보다 더 옳게 살지 못한다면 결코 하늘나라에 들어가지 못할 것이다." 분명한 것은 율법학자나 바리새인이 다른 사람들보다 더 옳게 살았다는 것이다. 탈탈 털어도 나올 게 없는 흠 없는 사람들인 경우가 많았다. 하지만 예수 눈에는 그들 모두 한 끗 차이였을 것이다.

예수는 죄 없는 사람이 없다는 것을 알았다. 성경도 그리 말한다. "그 길이 험해서 그리로 찾아드는 사람이 적다."(마태복음 7장 14절) "올바른 사람은 없다. 단 한 사람도 없다."(로마서 3장 10절) "율법을 지키는 것으로는 아무도 하나님과 올바른 관계를 가질 수 없습니다."(로마서 3장 20절) 율법은 단지 무엇이 죄가 되는지를 알려줄 따름이다. 그것도 극히 일부를.

율법이라는 좁은 문

'좁은 문'과 관련한 두 가지 대표적인 작품이 있다. 우선 존 버니언의 《천로역정》이다. 주인공 '은혜 없음'이 우여곡절을 하며 믿음을 버리지 않은 끝에 좁은 문만을 택하다가 천국에 들어가는 모습이 나온다. 이 작품을 읽고 나서 "《천로역정》을 통해 행위로 구원받는 것을 배웠습니다"라고 하는 신자들이 많다. "좁은 문으로 들어가라"라는 언급은, 행위로만 구원받을 수 있다고 과하게 의미를 부여하는 것은 아닌지 돌아보게 해 준다.

또 하나의 작품은 앙드레 지드의 《좁은 문》이다. 알리사라는 여성이 있다. 목사의 설교를 통해 '좁은 문으로 가야겠다'는 신앙 고백을 마음에 품는다. 그런데 그녀에게는 가장 소중한 남자, 제롬이 있다. 세속적인 사랑에 빠져, 주님의 일을 소홀히 하시는 않을까 염려하게 된다. 그래서 교제하지 않기로 한다. 제롬과 관련된 모든 물건을 치운다. 그러나 잊히지 않는다. 그러다 임종을 맞는다. 그녀는 죽으면서 이런 의문을 내뱉는다. "정말로 사랑을 희생할 만한 일이 있었을까?" (반드시 이 소설의 내용 때문만은 아니었겠지만 앙드레 지드가 죽은 지 1년 뒤인 1952년에 이 작품은 교황청으로부터 금서 지정을 당했다. 이런 처사에는 앙드레 지드가 동성애자였다는 사실도 무관치 않아 보인다.)

산상 수훈에 나오는 더 엄격해진 예수의 율법을 자기 힘으로 온전히 이행할 수 없다. 그렇다고 율법학자나 바리새인이 '나는 지켰다'라고 말하는 율법 또한 지키기 힘들다. 게다가 우리는 욕망을 가진 인간이다. 이를 억누르고는 살 수 없다. 따라서 우리는 스스로의 힘으로 구원받기 힘든 존재다.

프랑스 철학자 알랭 바디우는 율법 지상주의를 적나라하게 파헤쳤다. 유대인들이 율법 즉 형식적 도덕을 통해 자신들의 세계를 선민적인 것으로 특권화하려 했다는 것이다. 이를 간파한 바울은 율법이 아닌 믿음을 통해서 의로움을 인정받을 수 있다고 했다. 나아가 복음 앞에서 모든 차별과 대립이 사라진다고 말한다. 문익환 목사는 이것이야말로 통합과 평화를 가져오는 생명의 원리라고 이야기했다.

표도르 도스토옙스키의 《카라마조프가의 형제들》 중에 이런 이야기가 있다. 종교 재판의 불길이 하늘을 찌르던 중세 유럽의 세빌리아에 예수가 다시 인간의 모습으로 강림한다. 그리스도는 병자를 고치고 죽은 소녀를 살리는 등의 기적을 행한다. 이를 본 대심문관 즉 추기경이 부하를 시켜 예수를 감옥에 가둔다. 밤이 되자 대심문관은 몰래 감옥에 찾아가 묻는다. "정말 예수님 맞습니까?" 아무 대답이 없자 대심문관은 혼잣말을 한다. "예수님, 당신이 지금 이렇게 오셔서 활동하면 우리는 어떻게 하나요? 당신의 교회에 모든 것을 위임하지 않으셨습니까? 따라서 이제는 당신 없이도 교황, 추기경, 주교, 사제 등 교계 제도를 통하여 교회가 잘 움직이고 있는데 당신이 불쑥 나타나시면 방해가 됩니다. 자, 제발 빨리 사라지십시오. 그리고 다시는 오지 마십시오." 율법의 이름으로 재단할 때 예수도 범죄자로 엮을 수 있다는 말이다.

〈로마서〉 3장 24절에서 바울은 "하나님께서는 그리스도 예수를 통해서 모든 사람을 죄에서 풀어 주시고 당신과 올바른 관계를 가질 수 있는 은총을 거저 베풀어 주셨습니다"라고 했다. 스스로의 죄가 무엇인지 깨닫게 만드는 것이 곧 율법이다. 율법에서 우리를 해방케 해 주는 그 힘의 실체를 주목해야 한다. 요컨대 성경은 율법의 길, 즉 좁은 문과 좁은 길을 피해 구원으로 갈 수 있는 길이 바로 하나님의 은혜라고 말한다. 하나님의 은혜, 이 가운데 우리가 있다.

거라사의 광인을
해방시키다

마가복음 5:1~13

1 그들은 호수 건너편 거라사 지방에 이르렀다. 2 예수께서 배에서 내리셨을 때에 더러운 악령 들린 사람 하나가 무덤 사이에서 나오다가 예수를 만나게 되었다. 3 그는 무덤에서 살았는데 이제는 아무도 그를 매어둘 수가 없었다. 쇠사슬도 소용이 없었다. 4 여러 번 쇠고랑을 채우고 쇠사슬로 묶어 두었지만 그는 번번이 쇠사슬을 끊고 쇠고랑도 부수어 버려 아무도 그를 휘어잡지 못하였다. 5 그리고 그는 밤이나 낮이나 항상 묘지와 산을 돌아다니면서 소리를 지르고 돌로 제 몸을 짓찧곤 하였다. 6 그는 멀찍이서 예수를 보자 곧 달려가 그 앞에 엎드려 7 "지극히 높으신 하나님의 아들 예수님, 왜 저를 간섭하십니까? 제발 저를 괴롭히지 마십시오." 하고 큰소리로 외쳤다. 8 그것은 예수께서 악령을 보시기만 하면 "더러운 악령아, 그 사람에게서 나오너라" 하고 명령하시기 때문이었다. 9 예수께서 "네 이름이 무엇이냐?" 하고 물으시자 그는 "군대라고 합니다. 수효가 많아서 그렇습니다" 하고 대답하였다. 10 그리고 자기들을 그 지방에서 쫓아내지 말아 달라고 애걸하였다. 11 마침 그곳 산기슭에는 놓아기르는 돼지 떼가 우글거리고 있었는데 12 악령들은 예수께 "저희를 저 돼지들에게 보내어 그 속에 들어가게 해주십시오" 하고 간청하였다. 13 예수께서 허락하시자 더러운 악령들은 그 사람에게서 나와 돼지들 속으로 들어갔다. 그러자 거의 이천 마리나 되는 돼지 떼가 바다를 향하여 비탈을 내리달려 물속에 빠져 죽고 말았다.

맨얼굴의 예수

우리 안의 숨은 광기

시간이 지나면 세태가 변하듯 유행도 수시로 변한다. 개그의 유형도 달라진다. 하지만 인기가 변치 않는 게 있다. 바보 연기다. 1970년대 배삼룡, 1980년대 이주일과 심형래, 1990년대 이창훈, 2000년대 정준하로 이어지는 바보 캐릭터가 대표적이다. 이들의 우스꽝스러운 모습에 대중은 어떻게 반응할까. 불쾌감? 긴장감? 아니다. 모두가 저 잘난 시대에 '나는 바보요'라고 나서는 사람을 보며 위안을 느낀다.

그런데 광대를 힘들게 하는 것이 따로 있다. 바로 권력이다. 영화 〈왕의 남자〉에서는 장생과 공길, 육갑이 저잣거리를 떠돌며 연산군과 그의 애첩 장녹수를 웃음거리로 만들지 않았던가. 영화에서는 이들이 의금부에 끌려가 연산군을 즐겁게 하면 살고 못하면 죽는, 그야말로 생사를 건 공연을 하게 된다. 영화에서는 이들이 연산군을 웃겨야 한다는 미션에 성공한 것으로 그려진다. 그렇다면 실제는 어땠을까. 《조선왕조실록》의 〈연산군일기〉 60권 22장의 기록을 보자. 그들이 연산군 앞에 서서 공연한 것은 맞다. 그러나 웃기지는 못했던 모양이다. 공길이 곤장 맞고 귀양을 갔다고 하니 말이다. 그때 공길이 했던 말이 있다. "군군君君, 신신臣臣." 즉 임금은 임금다워야 하고, 신하는 신하다워야 한다는 뜻이다. 연산군을 격노하게 했던 것은 당연했다.

독재자의 공통된 속성은 자신이 희화화되는 것을 두려워한다는 점이다. 그래서 그 수하들은 그럴 여지가 없도록 모든 분야, 특히 예술이라는 미명 아래 교묘히 정치 현실을 조롱하고 풍자하는 문화 분야를 틀어쥐었다. 독재 정권 때는 아이들이 따라한다거나 미풍양속을 저해한다는 이유로 텔레비전 코미디 프로그램을 수시로 없애거나 줄였다. 그래서 1970년대 〈웃으면 복이 와요〉 등을 연출했던 고故 김경태 피디는 머리를 짜냈다. 현대극이 아닌 사극으로, 사람의 이야기가 아닌 우화로 빗대서 코미디를 만든 것이다. 그런데도 정보기관에 불려 가서 고초를 겪었다. 한번은 황소가 자빠지는 연기를 했는데 그게 문제가 됐다. 왜냐. 당시 여당이었던 공화당의 상징 동물이 황소였기 때문이다. 그런 통제를 일삼던 철권 권력자는 그 철권 탓에 부하가 쏜 총에 맞아 죽었다.

대머리 '각하'에게 행여 누를 끼칠까 봐, 전두환 수하의 부하들이 개그맨 이주일을 출연 정지시켰던 것도 같은 맥락이다. 심지어 성별이 다름에도 불구하고 영부인의 턱 모양을 연상케 한다는 이유로 개그맨 심철호 역시 출연이 여의치 않았던 우스꽝스러운 상황이 있었다. 당시 '각하'였던 전두환은 지금 스스로 웃음거리가 돼서 여생을 보내고 있다. 다 옛날 이야기인 줄 알았다. 그러나 세월을 훌쩍 뛰어넘은 이명박 정부에 '일등만 기억하는 더러운 세상' 같은 코미디가 불편하다는 여당 의원 한마디에 코너가 없어지는 일이 종종 일어났다.

연기는 무엇인가. 인간의 본질을 몸으로 표현하는 것이다. 광대의 연기는 그런 의미에서, 인간이라면 누구에게나 있는 광기를 몸으로 보이는 것이다. 우리나라 사람들은 '하던 짓도 멍석 깔면 안 한다'고 하듯 체면 많이 따진다. 하지만 '난장'이 펼쳐지면 전혀 다른 자신을 노출한다. 예컨대 늦은 밤 나이트클럽에서 하는 행동을 생각하면 된다. 대낮 직장에서는 못 한다. 2002년 월드컵 당시 빨간 티를 입고 얼굴을 물감으로 색칠하며 모르는 사람 끌어안고 버스 지붕 위에 올라 "대한민국"을 연호하던 때를 떠올려 보라. 지금 똑같은 복장과 분장을 하고 광화문에 가서 아무나 끌어안고 지나던 버스 지붕 위에 올라가 "대한민국" 연호할 수 있겠나. 못 한다. 누구나 기회가 허용될 때에 광기를 분출하는 것이다.

과거에도 그랬다. 예수 고난일 전 40일 동안의 기간, 즉 사순절 기간에 중세 사람들은 고기와 술을 피하는 식으로 금욕을 했다. 그래서 금욕해야 하는 사순절을 맞기 직전 3일에서 6일 정도는 카니발Carnival이라는 이름의 축제를 벌인다. 실제 세계 3대 축제로 불리는 브라질의 리우, 이탈리아의 베니스, 프랑스의 니스 카니발은 모두 사순절 직전인 2월에 열린다.

우리에게 내재된 광기는 자주는 아니더라도 어느 정도 쌓이면 풀어야 마땅하다. 어쩔 수 없다. 신이 우리를 그렇게 설계한 걸 어찌하겠나. 과하면 안 되겠지만, 자신의 방식과 기호에 맞춰 회포를 푸는 것이 좋다. 여기서 잠시, 개그맨 김구라가 과거 인터넷 방송에서 했던 말을 복기한다. "부시 봐라. 아침마다 기도회하고 성경 공부하며 기독교인으로서 금욕하지 않던가. 하지만 그도 인간인지라 엄청난 스트레스를 받았을 것이다. 그런데 방법이 문제다. 아랍에다 미사일 쏘는 걸로 푼다. 하지만 클린턴은 어떤가. 스트레스를 불륜으로 풀었다. 그의 시대, 세계는 평화로웠다." 지금 강력 범죄가 많다. 작은 화에도 극렬하게 반응한다. 층간 소음 때문에 살인이 난 사건은 충격적이다. 이런 사건들은 어쩌면 고용 불안 등 여러 가지 불안에 시달려온 사람들의 억눌렸던 감정 폭발은 아닐까.《광기의 역사》의 저자인 프랑스 철학자 미셸 푸코의 말로 정리가 된다. "이성적 행동에 의거한 합리주의만이 전부가 아니다." 우리 안에 숨은 광기를 인정해야 한다.

데가볼리의 광인

데가볼리(데카폴리스) 지역에는 미친 사람 한 명이 살고 있었다. 데가볼리는 알렉산더 황제가 만든 열 개의 그리스 도시 연합체 지역이다. 그런데 이곳의 위치를 주목할 만하다. 갈릴리 바다에서 동남쪽으로 55킬로미터 떨어졌다는 점이다. 〈마가복음〉 5장 12~13절을 보면 예수의 명령으로 악령들이 그 광인에게서 나와 돼지들 속으로 들어갔다. 그러자 거의 2,000마리나 되는 돼지 떼가 바다를 향하여 비탈을 내리 달려 물속에 빠져 죽고 말았다는 것이다.

그런데 이 이야기의 배경인 거라사 지역은 바닷가로부터 무려 55킬로미터 떨어져 있다. 이 정도 거리면 서울에서 수원을 지나 화성까지의 거리가 된다. 악령이 광인으로부터 나와서 돼지에게 들어갔고, 돼지는 무려 55킬로미터를 달려가 빠져 죽었다는 이야기인데 그리 타당해 보이지 않는다. 그래서 〈마태복음〉 8장은 예수의 이적이 벌어진 장소를 거라사가 아닌, 갈릴리 호수에서 동남쪽으로 10킬로미터 떨어진 '가다라인들의 지방'으로 고쳤다. 그런데 이 거리 역시도 현실성이 없다.

그러자 이스라엘 지리에 정통한 1세기 신학자 오리게네스는 여기를 '게르게사인들의 지방'이라고 고쳤다. 이 지역으로부터 벼랑까지는 2킬로미터 정도 떨어져 있다. 고치면 고칠수록 진실에 가깝지 않고 오히려 점점 멀어진다는 인상이다. 결국 〈마가복음〉 5장 12~13절에서 돼지가 물에 빠졌다는 내용은 전승 과정에서 덧붙여진 것이라는 신학자들의 오랜 해석이 있다. 이를 두고 《고통의 시대, 광기를 만나다》를 쓴 저자 최규창은 "성경 해석의 기본 원리는 핵심 메시지를 찾는 것이다. 주변적인 상황에 대해서는 당시 성경 기자들이 받은 영감과 정보력과 의도를 존중하는 것이 바람직하다"라고 했다. 다시 이야기해, 이 귀신들린 광인의 정체와 마을 사람들의 태도 그리고 예수의 의도에 주목하자는 것이다.

거라사 지역은 정치적으로도 의미가 특별하다. 이곳은 유대 헬라의 통치를 허용했고, 그 이후에는 로마가 장악했다. 단 한 번도 자신들의 주권적 판단에 의한 통치가 없었던 공간이다. 그들은 이런 상황들을 참고 살아왔다. 독립운동 한번 제대로 해 보지 못한 터다. 그래서 이곳 사람들은 외국 군대가 주둔하는 것에 대해 맹렬한 거부감이 있었다. 제주 4·3사건을 아는가. 오늘날의 표현으로 '종북좌파'를 척결한다며, '뭍'에서 들어온 군대가 제주 지역 주민을 학살한 사건이다. 이때 제주도민 10분의 1이 목숨을 잃은 것으로 알려졌다. 이 사건 이후로 제주 주민들은 외부에서 경찰만 와도 강력한 거부감을 표출한다. 거라사 역시 외부에서 들어온 군대에 강한 거부감을 가지고 있었다.

거라사에는 당시 부정한 동물로 통했던 돼지도 많았다. (거라사에는 신전이 있었는데, 제사를 올리는 데 주로 쓰이는 동물이 돼지였기 때문이다.) 또한 이곳에는 무덤도 많았다. 게다가 광인까지 있었다. 유대인이 보기에는 아주 천박하기 이를 데 없는 동네였을 것이다.

지역으로 구별짓기

어느 시대나 지역을 가더라도 특

정 지역을 싸잡아 무시하는 일들이 적지 않았다. 뒤집어 이야기하자면 자기가 사는 동네는 특구화하려는 시도도 적지 않다. 일본에서는 원자력 발전 사고가 난 후쿠시마에 주소지를 둔 여성들이 결혼 시장에서 극도로 홀대받는다고 한다. 이는 예외적인 상황이 있었다고 치자. 미국에서 12년 동안 살고 돌아온 김성회 〈더보이스〉 전 대표가 페이스북에 남긴 글을 보면 '어찌 그 나라가 농담으로라도 천조국天朝國이라 말할 수 있을까' 싶을 정도다.

"미국에 12년 살면서 거주 이전의 자유는 공산당 사회에서만 없는 게 아니라는 것을 배웠다. 미국은 철저히 구 중심, 시 중심의 사회로 지역마다 소득 등의 차이가 분명했다. 그러니까 예산이 얼마 이상 없으면 어떤 동네에서는 절대 살 수 없는 구조. 예를 들어 '저는 팔로스 버디스에 살아요'라고 말하면 그 한마디로 그 사람의 소득 수준의 일개를 파악할 수 있는 나라였다. 거주 이전의 자유라곤 찾아볼 수 없는 그런 사회였고, 바닷가 근처에 살려면 무조건 부자여야 했다.

이런 사회의 장점은 자신의 소득 수준이 어느 정도 이상이 되는 순간부터 가난한 사람을 만날 일이라는 게 생기지 않는다는 것이다. 우아한 집에서 우아한 이웃들만 만나고 우아한 직장을 다니면 그만인 사회다. 거주 이전의 자유를 경제력으로 제한해 놓고 있는 사람들끼리는 행복하게 산다. 저소득층이 많이 사는 흑인 밀집 지역인 캄튼이나 히스패닉 밀집 지역인 헌팅턴파크 등에는 발을 들여놓을 생각조차 못한다. 특정 동네에는 아예

들어가 볼 수도 없는 구조다.

　서울의 강남도 거주 이전의 자유를 허락하지 않는 동네가 된 지 오래다. '저는 강남 어디 출신이에요'라는 말이 그 사람의 경제력을 가늠하게 해준 지는 꽤 된 일이다. 하지만 아직도 서울의 많은 지역은 다양한 소득의 사람들이 공존하며 살고 있다. 그것에 나는 희망을 걸어본다. 지금은 길거리에서만 부딪히지만 이 모든 사람들이 어우러져 수만 개의 공동체가 그 속에서 생겨나기를. 소득으로 사람을 나누지 않고 취향으로 함께 모이는 그런 사회가 되기를."

　한 동네에 부자도 살고, 가난한 사람도 사는 나라, 우리나라에 희망을 걸어본다는 이야기다. 뭔가 머리를 때리는 것 같지 않나. 내가 사는 용인시 청덕동에는 임대 아파트와 자가 아파트가 공존한다. 그런데 초등학교 학생들끼리 임대파와 자가파로 갈렸다고 한다. 처음에는 임대파 아이들이 수세에 몰렸다. '못사는 집'에 산다고 놀림 받는 것이다. 얼마나 서러울까. 한 아파트에 자가도 있고, 임대도 있으면 안 되나. 그런데 이렇게 하려고 하면 자가 아파트 사는 상당수의 사람들이 반발한다고 한다. 참 무서운 세상이다. 하지만 요즘에는 역전됐다고 한다. 임대파 아이들이 자가파 아이들에게 "어이, 하우스푸어!"라며 놀린다는 것이다.

　호남에 산다는, 또는 그곳이 고향이라는 이유만으로 차별받는 관행도 실존했던 폐단이다. 지금이야 몇몇 사이트에서나

몰지각한 네티즌들이 전라도 출신을 홍어로 비하하는 등 언어 행패를 보이지만, 예전에는 대놓고 비하했다. 호남 출신은 취업에서 배제됐다. 설령 천신만고 끝에 입사에 성공하더라도 승진에 제약이 많았다. 호남 사람들에 대한 이유도 없고 맥락도 없는 증오는 정말 대단했다. 광주민주화운동이 있고 3년 뒤인 1983년, 광주를 연고로 한 프로야구팀 해태 타이거즈가 우승을 하자 잠실 구장에 〈목포의 눈물〉이 울려 퍼진 일은 하나의 상징적 사건이었다. 호남 사람들은 왜 차별을 당했을까. 여러 분석이 있겠지만 가장 와 닿는 것이 있다면, 곡창 지대였던 호남에서 곡식을 수탈하고자 했던 세력들이 명분을 만들기 위해 호남에 대한 부정적인 이미지를 덧씌우려 했다는 지적이다.

한국 교회는 다를까. 이름만 대면 알 만한 어떤 교회는 교육 전도사까지도 호남 출신을 배제했다. 이 교회만이 아니었다. 내 아버지가 목회하던 교회에는 유독 호남 출신 교역자들이 많았다. 왜 그런지 살펴봤다. 알고 보니 아버지는 지역을 따지지 않고 인재를 선발했던 것이다. 영성과 자세만 보고 뽑았더니 그랬다는 이야기다. 아버지가 목회했던 교회는 호남 출신 교역자들이 차별 없이 등용됐던 몇 안 되는 곳이었다고 한다.

1960~1970년대 서울행을 택한 이농자들이 열심히 다녔던 교회는 바로 여의도순복음교회였다. 여기서 놀라운 사실 하나를 발견한다. 비공식적으로 추산해 보니 교인 절반 이상이 호남 출신이었다는 점이다. 풍운의 꿈을 안고 올라왔으나 전라도

출신이라고 차별받는다. 이 울분을 풀 수 있는 길을 찾았다. 보니까 사회 저항뿐이었다. 그런데 권력의 흉포함을 따져 보면 선뜻 택하기 두렵다. 그런데 여의도순복음교회가 이들을 끌어안았다. 그리고 그 분노를 성령운동으로 녹여냈다. 1960~1970년대 당시 개신교는 폭발적으로 증가했다. 1961~1970년에 412.4퍼센트, 1971~1977년에 56.7퍼센트나 늘었다. 대표적인 폭증은 여의도순복음교회에서 실현됐다. 박정희의 독재 그리고 차별로 고통받던 호남 사람들이 조용기의 성령운동으로 이런 분을 삭였다는 설명이 가능하다면, 서로 뜻을 맞춘 박정희와 조용기는 환상적 콤비 플레이를 나타낸 셈이다.

광인을 만나는 예수

다시 본론으로 돌아오자. 거라사에 사는 사람들에게는 그 무엇보다 해방이 필요했다. 주로 이스라엘 땅에서 이스라엘 백성을 상대로 활동한 예수가 외국이라 할 수 있는 거라사에 가서 이방인을 상대로 복음을 전한다. 마땅한 교통편도 없던 시절에 이렇게 먼 곳까지 가게 된 데에는 국적과 신분을 초월한 지극한 인류애 말고는 그 까닭을 설명하기가 힘들다. 지역이 무엇이며, 사람이 무엇이냐. 예수의 무차별적 사랑을 오늘로 비유하자면 호남이 무엇이며, 강북이 무엇이며, 임대 아파트가 무엇이며, 반지하가 무엇이며, 고시원이 무엇이냐. 또 비정규직 실업자가 무엇이며, 여성이 무엇이며, 장애인이 무엇이며 아울러 정신 질환자가 무엇이냐, 이것 아닐까.

예수는 거라사의 광인을 만나고 있다. 우리는 광인을 평범한 사람들과 어울릴 수 없는 사람, 따로 격리돼야 할 환자라고 생각한다. 하지만 거라사의 광인은 상종하지 못할 사람으로 취급받지는 않았다. 당시만 해도 광인은 마을 주민들과 어울릴 수 있었다. 마을 주민 또한 그를 경계하기는 했지만 '집값 떨어뜨린다, 아이들 교육에 도움 안 된다, 우범자다' 등의 이유로 격리시키거나 해치지 않았다. 그 광인은 나름의 필요성이 있었던 것이다. 광인은 로마 군인에게 욕설과 폭력을 행사할 수 있었다. 그래도 로마 군인은 반응하지 않았다. '원래 미친 사람이니까 그러려니' 하며 말이다.

앞서 언급했던 최규창은 이때 한 사람의 정립된 주장을 끌어온다. 유명한 프랑스의 사회인류학자 르네 지라르의 '희생양 이론'이다. 우리가 곰곰이 새겨야 할 부분이다. 그는 이 광인을 대하는 거라사 사람들의 태도를 주목했다. 이 광인을 암암리에 지원하며, 그를 희생양으로 삼아 사회적 억압으로 생긴 스트레스를 대신 배설했다는 것이다. 자기들은 로마 군대에 저항할 수는 없지만, 무슨 행동을 해도 용서가 되는 이 미친 사람이 로마 군인을 때리고 욕하는 모습을 보며 대리 만족을 느꼈던 것이다.

그러다가 만약 로마 군인이 "이 새끼, 보자 보자 하니까 이게 막 나가네. 뜨거운 맛 좀 봐라" 하며 광인을 죽이거나 다치게 하면 어떻게 될까. 안타깝지만 사람들은 지켜만 봤을 것이다. 그리고 아무렇지도 않은 듯 일상으로 돌아갔을 것이다. 르네 지라르의 의견은 예수에게 적용해도 된다. 예수도 인류를 위한 희생양이었다. 희생양, 참 비인도적이고 비열하며 비겁하다.

여기서 희생양의 결정적인 문제점을 살펴야 한다. 가해자의 폭력은 잊게 만든다는 점이다. 1980년 광주민주화운동이 끝난 직후 당시 〈조선일보〉를 살펴보면, '광주 시민을 돕자'는 캠페인 구호가 있었다. 전두환을 지지했던 〈조선일보〉가 아닌가. 당시 〈조선일보〉가 보인 태도 역시 이 희생양을 대하는 태도와 다르지 않다. 캠페인의 내용을 보면 전두환이 가했던 폭력의 사실 관계도 제대로 소개되지 않았고, 전두환의 가해를 문제 삼지도 않았다. 단지 희생양이 된 광주를 안타까워하며 몇 푼 안겨 주자는 식이었다. 다 의도가 있는 것이다. 희생양 이론은 '어차피 강자 중심의 세상인데 약자인 너희들이 희생해 줘야겠어' 하는 심리다.

여느 노동자 투쟁 현장을 가더라도 이런 풍경은 강렬히 나타난다. 참여한 전원에게 부담이 전가되는 파업 투쟁이 장기화되면 될수록 노조 집행부는 고조되는 조합원의 원성에 극한의 부담을 느낀다. 결국 절체절명의 상황에 이르면 집행부는 석연치 않게 파업을 푼다. 그리고 사측 징계를 받고 잘리거나 중징계를 당한다. 그리고 언제 그랬냐는 듯 회사는 일상으로 돌아간다. 조합원들은 징계당한 집행부에게 미안한 마음이 있을까. 값싼 동정을 보내면 차라리 다행이다. 죄책감을 지우기 위해 도리어 희생양이 된 집행부를 가혹하게 비난하는 경우가 있다. 어쨌든 결론은 이렇다. 가진 자의 나쁜 행동이 실종된다는 점이다.

살아 있음 자체로 존중받는 존재

예수는 광인이 희생양이 돼 결국 비참한 최후를 맞이할 것이라고 직감했다. 보고만 있을 수 없었다. 예수는 광인의 영혼을 지배하던 사탄을 끌어내 마귀에게 옮기고 결국 바닷물에 빠져 사라지게 했다. 광인은 희생양이 되지 않았다. 예수는 십자가에 달려 불의한 처형을 당하면서 또 다른 희생양이 됐다. 하지만 희생양으로 끝나지 않고 그리스도가 됐다. 이것이 바로 부활 아니겠는가.

그런데 예수가 떠난 이후 중세부터 이상한 조짐이 보였다. 같이 어울려 살던 광인을 솎아내고 그들을 고립시키고 탄압하기 시작했다. 국가에 의해서 말이다. 이 구조적 폭력에 대해 관심을 가진 학자가 있었으니, 바로 미셸 푸코였다. 그가 쓴 《광기의 역사》와 《감시와 처벌》을 보면, 당시 권력층과 지식인이 결탁해 정상인과 비정상인을 구분 지었던 것을 알 수 있다.

생각해 보자. 누가 무슨 기준으로 정상과 비정상을 가르나. 권력은 정상에서 벗어나는 사상이나 행동을 억압하는 것이 가장 강력한 지배의 방식이라고 봤다. 이게 중요하다. 권력이나 기득권층에게 협조하면 정상, 반대하면 비정상이다. 정권과 결탁한 사법·언론권력은 체제 비판적인 인사를 때리고 가두고 밥줄 끊을 때 '종북'이니 '반국가관'이니 하는 오명을 덧씌워 비정상성을 강조하는 식으로 정권에 협력했다.

정신 병원이 왜 탄생했는지 아는가. 《광기의 역사》에 따르면 정신 병원은 정신 질환자 치료를 위한 인간적 장치가 아니라 권력이 배타적, 독선적인 기준으로 추방된 광인을 감금해 온 장소다. 한때는 환자들을 병원이 아닌 배에 태워 계속 돌게 했다. 《감시와 처벌》에서 푸코는 감옥을 단순한 범죄자들의 수용소가 아니라 사회 통제를 위해 권력이 고안한 전략의 산물이라고 분석했다. 엄격한 규율 아래 통제되는 학교도 마찬가지다. 19세기 후반부터 20세기 초반까지 파리는 대대적인 도시 개조 작업이 이뤄졌다. 당시 파리에는 미로 같은 골목이 많았는데, 개조 뒤에는 대로와 광장이 눈에 띄게 늘었다. 왜 그랬겠나. 프랑스혁명이나 파리코뮌 같은 민중 혁명이 재현되는 것을 막기 위해, 그러니까 시위 참여자를 붙잡기 용이하게 도시를 설계했다는 해석이 많았다. 정신 병원과 감옥이라는 기관으로 대표되는 근대 사회 자체를 푸코는 거대한 감금과 처벌 그리고 감시의 체계로 봤던 것이다.

여담이다. 정신 병원에 있는 사람들 중에 진짜 정신 질환자는 몇이나 있을까. 미국 스탠퍼드대학교에서 법학과 심리학을 가르친 데이비드 로젠한 교수의 실험은 유명하다. 그는 자신을 포함해 8명의 가짜 정신병 환자를 모집했다. 그리고 병원에 가서 정신병을 호소했다. 한 달이 지났다. 단 한 명을 빼고 모두 정신 분열 진단을 받았다. 로젠한이 이 사실을 폭로했다. 그러자 정신 병원이 펄쩍 뛰었다. 그 중 하나가 도전장을 내밀었다. '가짜 환자' 구별 게임을 제안한 것이다. "사람을 보내라. 가짜 환자가 몇이나 있는지 우리가 찾아내겠다." 그래서 심리학자들이 100명의 사람을 보냈다. 3개월이 지났다. 병원 쪽은 41명의 가짜 환자가 있었다고 밝혔다. 정말 가짜 환자 41명을 보낸 게 맞을까. 아니었다. 단 한 명의 환자도 보내지 않았다. 로센한이 남긴 말이다. "어쩌면 우리는 정상과 비정상의 경계를 분명하게 그을 수 있다고 지나치게 확신하고 있는지도 모른다. 정작 우리에게는 그러한 확신을 증명할 증거가 없다."

과거에 병자를 대할 때에는 비논리적인 올가미를 씌웠다. 전생에 혹은 조상 대에 큰 죄를 지어서 몸의 병을 얻었다는 식이다. 장애인에게 그리했는데 광인에게는 오죽했겠는가. 그런데 예수는 이 모든 선입견을 혁파했다. 다시 말해 거라사의 광인을 광인이 아닌 사람으로 대했다. 예수는 초능력보다도 사랑의 힘으로써 자신을 사람으로 만들어 준 은인이자 위태위태한 희생양의 삶이 아닌 온전한 인생으로 만들어 준 치유자다. 그러니까 예수는 당시 희생양이었던 광인을 해방시켰고, 동시에 광인을 무차별적으로 사랑했던 것이다. 우리는 예수의 이런 본질을 바로 봐야 한다. 아울러 구조적이든 개인적이든, 사람과 사람 사이를 비본질적이며 세속적인 잣대로 구분 짓는, 그래서 정상과 비정상으로 나누려는 그 어떤 술수도 이겨낼 줄 알아야 한다. 하나님은 개별 인간 모두를 똑같이 사랑하고 존중하는데, 우리가 어찌 사람과 사람을 나눌 수 있겠는가.

하나님은 인간을 무엇을 해야 인정받는 존재Human Doing가 아닌, 살아 있음 그 자체로 존중되는 존재Human Being로 여긴다. 광인이라서, 병들어서, 특정 지역 출신이라서, 가난해서, 허름한 집에 살아서, 생산성이 낮아 무능해서……. 이런 것들은 인간이 만들어 놓은 부질없는 편 가르기 논리일 뿐이다. 이렇게 가르고 또 갈라서 자신의 우월함을 보이고 지배 논리의 정당성을 입증하는 것이 도대체 하나님 나라에서 무슨 가치가 있을 수 있는가. 우리는 그래서 예수를 해방의 아이콘이라고 부른다. 그 예수를 바라보자.

예수 제자의 조건

마가복음 6:6~13

6 그 뒤에 예수께서는 여러 촌락으로 두루 다니시며 가르치시다가 7 열두 제자를 불러 더러운 악령을 제어하는 권세를 주시고 둘씩 짝지어 파견하셨다. 8 그리고 여행하는 데 지팡이 외에는 아무것도 지니지 말라고 하시며 먹을 것이나 자루도 가지지 말고 전대에 돈도 지니지 말며 9 신발은 신고 있는 것을 그대로 신고 속옷은 두 벌씩 껴입지 말라고 분부하셨다. 10 그리고 이렇게 말씀하셨다. "어디서 누구의 집에 들어가든지 그 고장을 떠나기까지 그 집에 머물러 있어라. 11 그러나 너희를 환영하지 않거나 너희의 말을 듣지 않는 고장이 있거든 그곳을 떠나면서 그들에게 경고하는 표시로 너희의 발에서 먼지를 털어 버려라." 12 이 말씀을 듣고 열두 제자는 나가서 사람들에게 회개하라고 가르치며 13 마귀들을 많이 쫓아내고 수많은 병자들에게 기름을 발라 병을 고쳐 주었다.

예수의 용인술

중국 삼국 시대 위나라 시조인 조조는 당대의 천재 제갈량에 비하면 형편없는 사람이었다. 제갈량은 자연과학에 해당하는 천문, 지리에서부터 역사, 철학, 문학 등의 인문학은 물론이고 심지어 기계공학까지 모든 분야에 두루 능한 천재였으니 1,200여 년 뒤에 태어난 다빈치를 능가하고도 남았다. 하지만 그는 왕이 되지 못했다. 유비 '따까리'만 하다가 끝났다. 왜냐. 혼자 너무 똑똑했기 때문이다. 이런 사람들의 특징이 있는데, 남을 과도하게 못 믿는다는 것이다. 반면 조조는 그 숱한 열세에도 불구하고 역사의 중심에 섰다. 이유는 한 가지, 바로 용인술이었다. 자신의 모자란 부분을 다른 이를 통해 채운 것이다.

조조가 사람을 검증하는 법은 무척 까다로웠다. 무려 일곱 단계 시험으로 인재를 평가했다고 한다. 술 먹이고, 뇌물도 줬다고 한다. 그렇게 판단력, 충성심, 지식, 용기, 성품, 청렴도를 판단한 뒤 마지막엔 실무 수습까지 거친다. 이런 조조는 유방과 많이 닮았다. 유방이 그랬던 것처럼 조조 역시 사람을 믿었다. 심지어 자기가 뽑은 인재 중 누군가가 적과 내통했다는 내용의 살생부를 펼쳐보지도 않은 채 불태워 없앴다. 또 하나 공통점이 있다. 전통과 신분과 형식을 따지지 않고 실력 위주로 과감하게 인재를 발탁했다는 점이다. 심지어 전쟁 중에 한창 자기와 싸우던 적장까지 스카우트할 정도였다.

좋은 인재를 구하는 것은 중요한 일이다. 그러나 경계해야 할 점도 있다. 처음에만 예우 받을 뿐, 채용된 이후에는 도구로 전락되는 인재가 수두룩하다. '토끼 사냥이 끝나면 사냥개를 삶아 먹는다'는 뜻의 토사구팽兎死狗烹은 춘추 전국 시대 월나라 왕 구천의 신하 범려가 만든 말이다. 어려운 시절을 함께 보낼 수는 있으나 즐거움을 나눌 수는 없다는 이야기다. 인간 사회는 그러하다. 용인술의 화신이라고 소개했던 유방 역시 한나라를 출범시킨 개국공신 한신을 나중에 토사구팽 했다. 솔직히 우리 모두는 누군가로부터 배척당할지 모른다는 두려움 속에 살고 있지 않은가.

예수의 용인술은 어땠을까. 그의 열두 제자를 통해 짚어 보자. 기원후 1세기 팔레스타인은 그야말로 질풍노도의 상황이었다. 통치자들의 잦은 교체, 이로써 촉발됐던 통치 제도의 급박하고 잦은 변경, 도시와 주변 지역 사이에 벌어진 긴장, 토지 집중 소유로 인한 양극화, 유대교와 헬레니즘 사이에 문화적·종교적 대립……. 그야말로 살얼음 위를 걷는 듯한 상황이었다. 파견된 제자들이 하는 일은 이들의 마음을 치유하는 것이다. 〈마가복음〉 6장 7절에는 더러운 영을 제어하는 권능을 줬다고 했고, 13절에는 많은 귀신들을 내쫓았다고 돼 있다. 이것은 희망 없고 가혹한 현실에 적응하지 못해 마음에 병이 든 사람들에게 생존의 힘을 부여하는 행위였다.

이러한 치유 사역, 예수가 진짜 병을 고쳤는지 안 고쳤는지는 여전히 신학적 논란거리다. 당시만 해도 이적은 사람들의 마음을 얻기에 가장 좋았던 기술이었다. 사실 예수가 제자를 선택하는 방법도 이러했다. 예수가 베드로에게 보여 준 '물고기 잡이 사건'을 떠올려 보자. 좀처럼 잡히지 않는 물고기 때문에 고심하던 차에 "여기 말고 저기 가서 그물을 던지라"라는 예수의 말을 들었고, 그대로 실행했더니 감당하기 힘들 정도의 어획을 했다는 이야기가 아닌가. 베드로가 생업을 포기하고 나이가 한참 어린 자신을 따르도록 '능력'을 보여줘야 했을 예수의 판단이 느껴진다.

예수는 당대 지식인 계층과 벗하지 않았다. 사사건건 자기에게 이로운 게 무엇인지에만 관심을 가지며, 행동보다는 말이 우선하는 이들 아닌가. 서재경 한신대학교 교수는 〈마가복음〉 6장의 앞뒤로 예수가 고향에서 배척당한 사건과 세례 요한이 헤롯에게 살해당하는 이야기가 있음을 주목한다. 배척과 박해, 순교의 비극이 좌우상하로 도사리는 길, 그 고난의 장도에 함께 설 파트너가 바로 예수의 '제자 선정 기준'이었다. 누가 더 똑똑한지 혹은 누가 더 유능한지는 고려 대상이 아니었다.

예수가 제자들에게 요구한 것

〈마가복음〉 6장 8절과 9절을 보면 예수는 열두 제자에게 지팡이와 샌들 말고는 아무 것도 가지지 말고 가라고 했다. 그러나 〈마태복음〉과 〈누가복음〉을 보면 그것조차 가지지 말라고 했다. 지팡이는 맹수와 강도를 물리칠 때 필요한 물건이다. 샌들은 가시와 돌이 많은 땅을 걸어 다니려면 신어야 한다. 예수의 본뜻은 홀가분한 마음가짐으로 오로지 전도만 하라는 의미일 것이다. 지팡이와 샌들이 불필요해서가 아니다. 속옷을 두 벌 껴입는 것을 경계했던 것도 같은 이유다. 여행할 때 노숙은 불가피하다. 두 벌 옷은 그 용도다. 하지만 예수는 이것조차 금했다. 사치를 금한 정도가 아니라 불편할 만큼 청빈하라는 이야기다.

10절에서 "어디서 누구의 집에 들어가든지 그 고장을 떠나기까지 그 집에 머물러 있어라"라고 한 것도 철저한 금욕 준칙에 기초한다. 처음 들어가서 기거하는 곳에 만족하지 못하고 더 편한 집을 찾아다니면 결국 본의 아니게 '나쁜 집', '좋은 집'이라는 낙인이 각각의 집에 박히게 된다. '나쁜 집'의 주인들은 불편한 속내를 감추지 못할 것이고 주민들 사이에서는 나쁜 소문이 증폭될 것이다. 또한 자신의 안락을 버리고 오직 하나님 일에 전념하는 사명자의 태도에 어긋난다. 동시에 이웃에게 선한 이미지를 제공하라는 뜻과도 멀어진다. 예수는 이런 사소한 것들까지 내다봤다.

그렇다고 예수가 마냥 선의만 보이라고 한 것은 아니다. 복음을 전할 때 그 복음을 받아들이지 않는 집이나 성城에는 단호한 모습을 보이라고 했다. 그러니까 발아래 묻은 먼지를 털고 나오라고 했다. 이는 곧 절교한다는 뜻이다. '당신은 구원과 상관없는 이방인이오'라고 하는 것이다. 이를 우리 관행과 형식으로 말하자면 침 뱉는 것이라 할 수 있겠다. 먹여 주고 재워 준 것만으로도 고마운 일인데 전도를 강요하고 안 믿으면 절교한다고 선언해야 한다니 너무하지 않나 싶을 수도 있다. 그러나 예수와 그 제자들이 느낀 당시의 상황은 매우 암담했다. 그런 완고한 반응을 보여도 문제가 없었을 시기라는 것이다. 이를 '종말론적 분위기'라고 표현할 수 있다. 제자들은 '철면피'여야 했다. 그래서 죽었다 깨어나도 이 역할을 수행하지 못할 지식인은 예수 주변에서 종적을 찾기 힘들었다.

제자의 조건, 결핍

예수가 부른 제자 그리고 하나님이 역사의 주인공으로 발탁한 사람에게서 찾기 힘든 몇 가지가 있다. 지식과 의리 그리고 믿음이다. 열두 제자의 으뜸이라 불리는 베드로를 보자. 예수가 잡히던 결정적인 날에 세 번씩이나 예수를 모른다고 부인했다. 모든 민족의 아비가 되리라던 아브라함은 어떤가. 하나님이 시켜서 하는 수 없이 고향을 떠나긴 했지만 하나님의 보호를 믿지 못하고 정착지에서 아내를 누이라고 속였다. 유대 민족의 지도자라 불리는 모세는 어떤가. 고의로 살인을 저질렀다. 이스라엘 열두 지파의 조상이 된 야곱도 형과 아버지에게 거짓말을 해서 장자권을 가로챘다. 예수의 조상으로 꼽혔던 다윗왕은 유부녀를 취했다. 자손끼리는 싸우고 또 싸우다가 다 같이 망했다.

배신자, 불신자, 살인자, 사기꾼, 강간범……. 하나같이 한심한 인물상이다. 요즘 같은 경쟁 지상주의 사회에서 이들은 사정을 아는 사람에게는 도저히 반탁될 수 없는 꼬리표가 달려 있는 셈이다. 성경에는 하나님이 사람의 외모가 아니라 중심을 본다고 되어 있는데, 이들은 외모나 중심 모두 변변치 않은 인물이다. 그러나 이들에게는 공통점이 있다. 하나님 앞에서 늘 회개하는 사람이라는 것이다. 회개라는 것은 실패를 체험한 사람에게서 나오는 것이다. 오죽 칠칠찮으면 똥인지 된장인지 맛을 보고서야 옳고 그름을 안다는 말인가. 그들은 예나 지금이나 사회적 낙오자일 뿐이다. 너무나 빈틈이 많은 사람들이었다.

그런데 예수는 그들의 공백을 봤다. 이 공백은 곧 자기가 들어가 채울 자리를 말하는 것이다. 경쟁과 효율을 강조하는 시대에, 결핍은 세상 모든 사람들이 이야기하는 최대 단점이다. 없는 것도 있어야 하고, 있는 것은 더 있다고 해야 하는 시대에 세상 모든 사람이 외면하는 가치가 바로 결핍이다. 그런데 이런 결핍이 있어야만 하나님의 사람이 될 수 있고, 하늘의 가장 큰 자가 될 수 있다는 말이다. 이 엄청난 역설을 어떻게 받아들여야 할까.

없이 사는 것, 그것이 비단 가난한 것, 무식한 것, 병든 것이라고 해도 아파하지 말아야 한다. 이것이 어쩌면 하나님과 만날 수 있는 첩경일 수 있다는 말이다. '내 속에 내가 너무도 많아' 하나님이 틈탈 여지가 없을 때에, 그때 우리는 비로소 위기를 만날 것이다. 예수는 제자들에게 "없이 가라, 없이 행하라, 없이 나오라"라고 강조한다.

결핍이야말로 하나님의 사람이 될 수 있는 자격이라는 사실을 인식하고, 그 무게와 부담으로부터 벗어나야 마땅하다. 예수의 제자의 길은 여기서부터 시작한다.

아래로부터의 혁명

마가복음 8:1~10

1 그 무렵 사람들이 또 많이 모여들었는데 먹을 것이 없어서 예수께서는 제자들을 불러 2 "이 많은 사람들이 벌써 사흘이나 나와 함께 지냈는데 이제 먹을 것이 없으니 참 보기에 안 됐다. 3 그들을 굶겨서 집으로 돌려보낸다면 길에서 쓰러질 것이다. 더구나 그 중에는 먼 데서 온 사람들도 있다" 하고 말씀하셨다. 4 제자들이 "여기는 외딴 곳인데 이 많은 사람들을 배불리 먹일 빵을 어디서 구해 오겠습니까?" 하고 반문하자 5 예수께서 "빵이 몇 개나 있느냐?" 하고 물으셨다. 그들이 "일곱 개가 있습니다" 하니까 6 예수께서는 사람들을 땅에 앉게 하시고 빵 일곱 개를 손에 들고 감사의 기도를 드리신 다음 떼어서 제자들에게 주시며 나누어 주라고 하셨다. 제자들은 시키시는 대로 나누어 주었다. 7 또 작은 물고기도 몇 마리 있었는데 예수께서는 그것도 축복하신 뒤에 나누어 주라고 하셨다. 8 군중은 모두 배불리 먹었다. 그리고 남은 조각을 주워 모으니 일곱 바구니나 되었고 9 먹은 사람은 약 4천 명이었다. 그 뒤 예수께서는 군중을 헤쳐 보내신 다음 10 곧 제자들과 함께 배를 타고 달마누다 지방으로 가셨다.

빵 다섯 개와 물고기 두 마리

오병이어伍餠二魚, 빵 다섯 개와 물고기 두 마리로 수천 명이 배불리 먹은 기적은 모든 이들에게 새롭지 않은 이야기다. 〈마가복음〉 본문에는 비슷한 이야기가 두 번 나온다. 6장과 8장이다. 6장은 오병이어, 8장은 칠병이어로 돼 있다. 남은 음식도 6장은 열두 광주리, 8장은 일곱 광주리다. 사람 수도 6장은 5천 명 이상, 8장은 4천 명이라고 돼 있다. 하지만 공통된 게 많다. 우선 군중이 배고파 하는 상황이라는 것이다. 아울러 음식이 턱없이 부족했다. 그리고 수천 명이 배불리 먹고 난 후에는 음식이 남을 만큼 많아졌다. 두 사건이 같은 것인지는 알 수 없다.

당시 가버나움의 인구는 2천 명에서 3천 명 정도였다. 그런데 그곳에 예수를 따르는 사람들만 5천 명 이상이 몰렸다는 이야기다. 그 마을 사람들 전부가 그 자리에 왔다고 하더라도, 생업을 포기하고 예수를 따라온 사람들이 배 이상 돼야 한다는 말 아닌가.

이런 이적 사건을 접할 때 '아마 그런가 보다', '성경에서 그렇다고 하니 믿어야지' 하는 태도는 곤란하다. 정말 그런 일이 있었는지를 따질 수 있어야 한다. 이는 성경을 경외한다는 사람이 가져야 할 자세다. 한국 교회사에서 최초의 설교 비평을 시도했다는 평가를 받고 있는 정용섭 대구성서아카데미 원장은 독일 신학자 루돌프 오토가 말하는 '누미노제Numinose'를 언급했다. 누미노제란 인간이 거룩한 존재 앞에 섰을 때 자신이 진실로 피조물임을 존재론적으로 체험하는 것을 말한다. 여기에 이를 수 있는 길은 역사 비평적 성서 읽기와 치밀한 신학 공부라는 것이다. 이런 바탕 없이 열광적인 믿음으로만 접근한다면 착각하게 된다고 한다. 자신의 주관에 머문 채 그것이 하나님에 대한 경험인 것처럼 오해할 수 있다는 것이다. 더 심해지면 사이비 이단이 될 수도 있다.

어떻게 해석할 것인가

오병이어를 치밀하게 살펴보자. 그 장소에는 남자만 5천 명이 모였다고 했다. 당시에는 전쟁을 치를 수 있는 스무 살 이상 남자들만을 셌다고 한다. 과연 빵 다섯 덩이와 물고기 두 마리로 남성 장정만 5천 명, 여성·노약자까지 합하면 족히 1만 명은 넘었을 사람들에게 먹일 수 있었을까. 지금처럼 나노 기술이 발달해서 빵과 물고기를 티끌이나 먼지 크기로 세밀하게 자를 수 있다면, 또 그게 사람 입에 들어가서 강력한 팽창 효과가 있다면 모르겠다. 과연 가능할까. 불가능하다면, 한 가지 변수만 남았다. 바로 예수의 이적이다.

이 이적을 속 편하게 믿고 말 것인가. 중세에 바뤼흐 스피노자는 예수의 이적이라고 불리는 모든 사건들도 실은 이성적으로 납득할 수 있는 것들이라고 봤다. 여기서부터 삐딱한 신학, 이른바 비정통 신학이 싹트기 시작한다. 1930년대 보수주의 신학의 아성에 도전하는 진보적 신학이 대두됐다. 이른바 자유주의 신학으로 통칭되는 신新신학 사상이 미국에서 건너온 것이다. 양상은 다르지만, 일본 우치무라 간조의 무교회주의도 그러했다. (사실 우치무라 간조는 진보 신학자가 아니라 성서주의자였다. "기독교 신앙의 유일한 근거는 성서뿐이며, 교회와 그 관습은 기독교를 담아내는 껍데기"라고 했던 인물이다.)

이 같은 흐름이 조선 땅으로 넘어왔다. 장로교 황해노회 김장호는 이런 주장을 했다. "〈출애굽기〉의 '홍해를 건넌 일(渡江)' 은 기적이 아니라 간만의 차를 이용해 물이 없는 육로로 이동했을 뿐이다." "오병이어 사건도 기적이 아니라 각자가 준비한 도시락을 먹었을 뿐이다." 결국 그는 1918년 노회로부터 제명됐다.

이 이야기는 김장호가 처음 한 게 아니었다. 독일 신학자 하인리히 파울루스의 해석이다. 빛과생명교회 이종철 목사가 풀이한 것을 인용하자면 이렇다. "사람들이 배고파 합니다. 그러자 한 어린아이가 자기 도시락을 주님께 내어놓았습니다. 얼마 되지 않지만 자신이 가진 것은 이것뿐이니 이거라도 필요하면 쓰시라고요. 그런데 사람들이 그 모습을 보고는 부끄러운 마음이 생겼습니다. 그래서 자기들이 몰래 감추고 있던 먹을 것들을 내어놓기 시작했습니다. 이렇게 해서 나누어 먹으니 모두가 배불리 먹고 남게 되었다는 것입니다." 그래서 나는 이것을 페이스북에 걸어 두고 친구들에게 생각을 물었다. 어제오늘 나온 이야기가 아니지만, 이 주장에 대한 평가가 첨예했다.

한 페이스북 친구는 이렇게 반응했다. "그렇죠! 예수님이 걸으신 물 아래에는 잠수부가 발을 받치고 있었고, 물이 포도주로 변한 건 마리아와 인부들이 미리 짜고 친 거고요. 풍랑을 잠잠케 하신 건 일기 예보를 미리 파악하신 그분이 타이밍을 잘 맞춘 것이고, 시각 장애인을 볼 수 있게 하고 지체 장애인을 일으키신 건 미리 그 지역에 사람을 심어 놓고 30년 동안 앞 못 보고 일어나지 못 하는 연기를 하다가 '짠' 하고 눈을 뜨고 일어서 준 거죠! 이러면 자유주의 신학 완성!" 하긴 계몽주의 신학자 카를 프리드리히 바아르트는 예수가 갈릴리 호수를 건넌 것은 호수에 떠다니던 건축용 목재에 올랐던 것이라고 풀이했다. 또 폭풍을 잠잠하게 한 사건은 예수가 겁먹은 제자들에게 "조용하라!"라고 명령했는데, 그때 우연히 바람과 파도가 잠잠해진 것이라고 설명했다.

또 다른 페이스북 친구는 "예수에게 신화는 없다, 즉 비신화화라는 해석이군요. 예전 유럽에서 이런 신학적 해석법이 한때 유행이었습니다. 하지만 이제는 사라져 가는 해석법입니다. 비신화화의 해석 자체가 기독교의 기적과 신비성을 저해하니까 신정통주의 신학자 칼 바르트가 자유주의 신학자들과 비신화화 신학자들에게 핵폭탄을 던지기도 했습니다. 민중신학자들이 성경을 제멋대로 해석했다가 된서리 맞고 사라져 간 역사가 한국에도 있고요"라고 했다.

여기에 반대되는 의견도 있었다. "(파울루스의 주장대로) 어렵게 살던 사람들이 먹을 것을 내어놓아 5천 명이 배부르게 먹었다는 해석은 오늘날에도 일어날 수 있고, 또 일어나고 있는 나눔의 기적입니다. 그건 현실적이지 않다고 하시는 분들이, 물고기와 빵이 하늘의 권능을 통해 5천 인분으로 늘어났다는 해석은 잘 받아들이시죠."

또 다른 사람도 "말씀과 삶의 일치를 위해 살아야 할 사람들이 기적이나 바라는 싸구려 믿음에 안주합니다. 산상 수훈 말씀의 감동은 사라지고 5천 명에게 먹였다는 물고기 몇 마리가 중요해진 거지요. 기적을 행하는 예수가 마치 신들림으로 귀신을 쫓는 무당 같은 존재로 여겨집니다. 그래서 한국 교회의 대대적인 타락이 일어나는 겁니다. 무당 예수를 믿게 되니까요"라고 설명했다.

성서학의 국제적 권위자라고 평가받는 조철수 교수의 《예수 평전》에 나온 오병이어에 대한 해석을 여담처럼 덧붙인다. 한마디로 그간의 상식을 모두 부정하는 것이다. 지금 우리가 읽고 있는 신약 성서 원문은 어디서부터 왔을까. 그리스어본이다. 그래서 나도 대학생 때 신학과에서 신약학 교수로부터 그리스어(헬라어)를 배웠다. 성경의 원본도 그리스어로 작성됐을까. 아니다. 가장 오래됐지만 사본일 뿐이다. 진짜 원본은 히브리어나 아람어로 기록됐다는 게 정통한 분석이다. 그로부터 수십 년 뒤에야 그리스어 번역본들이 만들어진 것이다. 히브리어와 아람어는 같은 계열이지만 그리스어는 전혀 다른 언어 체계다. 원본과 대조해, 어감은 물론 어의가 완전히 다를 수 있다. 조철수 교수는 1947년 발굴된 '사해 문서' 등 히브리어와 아람어로 기록된 옛 전적들을 그리스어 사본 성서와 하나하나 대조했다.

그랬더니 기막힌 추론이 나온다. '5천'이라는 표현은 5천 명의 군중이 아니라 다섯 천부장이었다는 말이다. 천부장들은 당시 예수가 한때 소속돼 있던 에세네파 공동체의 최고 의결 기관에서 재판관들과 사제장들, 부족장 등과 함께한 조직의 주요 구성원을 말한다. 그러니까 원래는 5천 명이 아닌 다섯 명이라는 이야기다.

그렇다면 오병이어의 기적, 외딴곳에 있는 그 많은 군중을 어떻게 먹이느냐는 제자들의 질문, 다 먹이고 남은 빵과 물고기가 열두 광주리에 가득 찼다는 복음서들의 이야기는 무엇일까. 오역을 그럴듯하게 감추기 위해 후대에 첨언되고 윤색된 내용일 가능성이 있다고 조철수 교수는 분석했다. 혼란스럽다.

'성경에 나온 이야기는 따지고 보면 허구가 많다'는 걸 말하려는 게 아니다. 우리가 기적에만 주목하고 몰두하면, 이 이야기의 진짜 뜻을 놓칠 수 있다는 것이다. 오병이어의 진의는 굶주린 백성의 마음을 헤아렸던 예수의 측은지심이다. 오병이어와 비슷한 사건이 구약 성서의 〈열왕기상〉에도 있었다. 엘리야가 한 과부를 위해 밀가루와 기름이 떨어지지 않게 해 준 것이다. 또한 엘리야의 제자 엘리사가 보리떡 스무 개로 백 명을 먹였다는 유사한 이야기도 있다. 나중에 음식이 남았다는 사실까지 말이다. 예수는 5천 명을 먹였다. 예수가 엘리사보다 더 낫다는 점을 강조하기 위한 설정인지는 알 수 없다.

전태일, 오병이어를 실현하다

예수는 전무후무한 최고의 성정과 양심을 가진 인물이다. 그런데 예수와 유사한 삶을 살려 했던 사람이 있었다. 바로 전태일이다. 정연복 한국기독교연구소 편집위원이 남긴 글을 보고 코가 시큰했다. "밥 먹듯이 철야 작업을 하느라고 밤잠을 제대로 못 자서 낮이면 꾸벅꾸벅 졸고, 일은 해야 하는데 점심까지 쫄쫄 굶는 어린 시다(보조원)들에게 버스 값을 털어서 1원짜리 풀빵을 사주고 청계천 6가부터 도봉산까지 두세 시간을 걸어 다녔습니다. 어쩌다가 한 번 그런 게 아니라 죽을 때까지 3~4년 동안 그랬습니다. '차비 30원'을 갖고 '1원짜리 풀빵 서른 개를 사서 여섯 사람에게 나눠' 준 나눔의 기적. 자신도 찢어지게 가난했지만 자신보다 더 불쌍한 평화 시장의 어린 시다들을 가슴 찢어지는 사랑으로 감싸 안은 삶의 기적입니다. '빵 다섯 개와 물고기 두 마리'를 갖고 '남자만도 5천 명이나' 되는 많은 사람들이 '배불리' 먹고도 '열두 광주리'나 남았다는 오병이어의 기적도 같은 맥락에서 파악되어야 할 것입니다."

〈요한복음〉에 따르면 한 아이가 그 빵과 물고기를 예수에게 줬다. 예수의 몫이었다. 그러나 예수는 모두를 위해 기꺼이 내놓았다. 탐욕에 빠진 사람이라면 이렇게 못 한다. 전태일은 자신의 돈 30원을 여섯 명의 허기를 달래기 위해 나눴다. 전태일은 그렇게 사 온 풀빵을 입에 대지도 않았을 것이며 그런 까닭에 굶은 채 집까지 걸어가야 했겠지만 마음만은 무척 배불렀을 것이다. 이것이 바로 기적이다.

전태일의 사랑은 30원에 그치지 않았다. 심지어 자기 목숨까지 내어 주었다. 밀폐된 공간에서 먼지를 마시다가 폐병으로 죽어가는 어린 소녀들을 더는 못 보겠다며, 그저 종이요 허울에 불과한 근로기준법과 함께 자신의 몸을 불살랐다. 모순된 세상을 이런 식으로라도 고발하면 노동자의 기본권이 단 한 보라도 진전할 것이라고 믿었다. 얼마 전 세상을 떠난 시민운동가 오재식은 당시 전태일을 예수에 빗대 글을 썼다. 일부분을 전한다.

"예수. 신음 소리를 들을 때 네 가슴이 메어지더냐. 어린 생명이 병들어 가는 것을 볼 때 울화가 치밀더냐. 너는 왜 초연하지 못했더냐. 어느 세상에나 희로애락은 있는 법, 없는 것이 하늘의 뜻이려니 할 일이지. 삶은 차디찬 머리로 꾸밀 것이지 가슴으로 재어서는 안 되는 법. 분명한 종말에다 몸을 던진 너는 자살자가 아니냐. 너는 네 죽음을 스스로 택한 것이다. 너는 너의 목숨을 내어 맡길 때 교회는 철문을 굳게 잠그고 취침 시간을 엄격히 지키고 있었다. 보드라운 잠옷에 경건한 마음으로 교회의 영광을 기도했으리라. 제 목숨 하나 살피지 못하는 천민이야 쓰레기통 옆에다 팽개친들 무슨 상관이냐."

반어법이었다. 오재식은 1970년 전태일 열사 분신 당시 진보적 개신교 학생운동 단체인 한국기독학생회총연맹KSCF의 사무총장이었다. 대학 문턱에도 가지 못한 전태일이지만 그의 죽음을 남의 일로 치부하지 않았다. 시신이 안치된 병원으로 달려갔다. 그는 병원에서 가장 가까운 영락교회에서 장례 예배를 드리려 했다. 그래서 '영락교회 담임 목사'라는 누구인지 알 법한 그 성직자를 찾아갔다. 그런데 이 성직자, 처음에는 취침한다며 발을 뺐다. 오재식은 '네가 이기나 내가 이기나 보자' 하는 마음으로 집 앞에서 버텼다. 성직자가 집 문을 열었다. 그리고는 "자살한 사람은 교회에서 장례할 수 없다"라고 말했다. 분노한 오재식은 그해 12월 〈기독교사상〉에 상기 추모 글을 남겼다. 그리고는 "어떻게 전태일 따위를 예수와 비교하느냐"라는 비난을 들었다고 한다. 비난하는 사람들에게 예수는 어떤 존재일까. 화석에 박힌 이름이 아니었을까.

아래로부터의 혁명

앞서 말한대로 나는 예수가 능히 빵과 물고기를 십수 광주리 남길 만큼 곱절로 만들어 낼 능력의 소유자라고 믿는다. 그러나 파울루스의 해석처럼, 어린아이가 가져온 음식을 이웃과 나누려는 예수의 모습에 감명 받은 주변의 군중이 자기들도 먹을거리를 풀어 이웃과 나눴다는 것에 더 큰 의미가 있다고 생각한다.

2013년 초 접한 지인의 전언이다. 쌍용자동차 해고 노동자와 고난을 함께 하던 어느 날, 대한문 앞에서 여러 노동자들과 식사를 함께 했다고 한다. 약간의 돈을 내고 배달 음식을 시켰단다. 그런데 이를 지켜보던 시민들이 '힘내라'며 돈을 내고 또 냈다는 것이다. 음식은 계속 배달됐다. 그래서 결국 남기고 말았단다. 열두 광주리가 남았던 2,000년 전 팔레스타인의 그 이야기가 서울 대한문 앞에서 재현된 것이다.

오병이어는 수천 년 전 팔레스타인에서 벌어진 기묘한 남자의 마술쇼가 아닌 수많은 군중이 스승인 예수와 함께 만들어 낸 집단적 사랑의 기적이다. 예수의 가르침을 통한 아래로부터의 혁명이었던 것이다.

페이스북에 올라온 댓글 중에 장원은 이것이다. "예수님이 신이어서 믿는 사람들은 위로부터의 개혁을 신뢰하는 사람들입니다. 오병이어 사건은 굶주리는 사람들에게 예수님이 행하신 기적일 뿐입니다. 반면 예수님의 삶의 가치를 따르는 사람들은 아래로부터의 혁명을 꿈꾸는 사람들입니다. 오병이어 사건은 내가 하나님을 대리해 사람들에게 기적이 되는 것입니다." 우리는 위로부터의 개혁을 믿는가. 아니면 아래로부터의 혁명을 바라는가.

존경받는 부자는 있는가

마가복음 10:17~27

17 예수께서 길을 떠나시는데 어떤 사람이 달려와서 그 앞에 무릎을 꿇고 "선하신 선생님, 제가 무엇을 해야 영원한 생명을 얻겠습니까?" 하고 물었다. 18 예수께서는 이렇게 대답하셨다. "왜 나를 선하다고 하느냐? 선하신 분은 오직 하나님뿐이시다. 19 '살인하지 마라.' '간음하지 마라' '도둑질하지 마라' '거짓 증언하지 마라' '남을 속이지 마라' '부모를 공경하여라' 한 계명들을 너는 알고 있을 것이다" 20 그 사람이 "선생님, 그 모든 것은 제가 어려서부터 다 지켜왔습니다" 하고 대답하였다. 21 예수께서는 그를 유심히 바라보시고 대견해 하시며 이렇게 말씀하셨다. "너에게 한 가지 부족한 것이 있다. 가서 가진 것을 다 팔아 가난한 사람들에게 나누어 주어라. 그러면 하늘에서 보화를 얻게 될 것이다. 그러니 내가 시키는 대로 하고 나서 나를 따라오너라" 22 그러나 그 사람은 재산이 많았기 때문에 이 말씀을 듣고 울상이 되어 근심하며 떠나갔다. 23 예수께서는 제자들을 둘러보시며 "재물을 많이 가진 사람이 하나님 나라에 들어가는 것은 얼마나 어려운 일인지 모른다" 하고 말씀하셨다. 24 제자들은 이 말씀을 듣고 놀랐다. 그러나 예수께서 다시 이렇게 말씀하셨다. "하나님 나라에 들어가기는 참으로 어렵다. 25 부자가 하나님 나라에 들어가는 것보다는 낙타가 바늘귀로 빠져 나가는 것이 더 쉬울 것이다." 26 제자들은 깜짝 놀라 "그러면 구원받을 사람이 어디 있겠는가?" 하며 서로 수군거렸다. 27 예수께서는 제자들을 똑바로 보시며 "그것은 사람의 힘으로는 할 수 없으나 하나님은 하실 수 있는 일이다. 하나님께서는 무슨 일이나 다 하실 수 있다" 하고 말씀하셨다.

부자 청년의 결격 사유

신앙심 깊은 부자 청년이 예수를 찾아왔다. 부자 청년은 "영원한 생명의 길이 무엇입니까?" 하고 물었다. 부자 청년은 내심 '하나님 외에 다른 신을 섬기지 말라' '우상을 섬기지 말라' 등 십계명의 1, 2계명을 답으로 기대했다. 왜냐. "어려서부터 그 말씀, 완수했습니다"라고 답하려 했기 때문이다. 그런데 예수는 십계명 중 '살인하지 마라' '간음하지 마라' '도둑질하지 마라' '거짓 증언하지 마라' '남을 속이지 마라' '부모를 공경하여라' 등 5~9계명을 언급했다. 말 끝나기가 무섭게 부자 청년은 이 역시 기다렸다는 듯 "어려서부터 그 말씀 지켰습니다"라고 똑똑히 말했다. 이 청년은 부자이지만, 남을 구제하는 사람이고, 율법을 지키는 사람이고, 살인과 간음의 죄를 짓지 않는 사람, 그리고 부모를 공경하는 사람이었다. 이렇게 깨끗하고 모범적으로 사는 사람은 부자는 물론, 가난한 사람들 중에서도 찾기 힘들 것이다. 그러나 예수는 뜻밖에 "그럼에도 불구하고 결격 사유가 있다"라고 했다. 부자에게 그 모든 덕목은 껍데기였던 것이다.

한 신문이 정채봉의 《생각하는 동화》에 나오는 이야기라며 소개한 기사를 봤다. 풀이해 보면 이렇다. 바다가 보이는 언덕의 콩밭에서 달팽이들의 세미나가 열렸다. 주제는 '세계 속의 달팽이가 되려면'이었다. 진화론을 연구한 학자 달팽이가 논문을 발표했다. "나는 바다에서 무수히 번성하는 오징어에 대해서 연구했습니다. 오징어의 원조는 앵무조개인데 그들도 우리처럼 두꺼운 껍질을 보호막으로 삼고 살아가는 바닷조개였습니다. 그런데 선구자 오징어가 깊이 고민했습니다. '껍질을 버리고 자유를 택할 것이냐, 자유를 버리고 계속 껍질을 고수할 것이냐?' 마침내 오징어의 조상은 보호막의 껍질로부터 탈출을 시작했습니다. 두꺼운 껍질을 버리자 오징어의 다른 편이 발달했습니다. 그늘 속에서만 열리던 눈이 활짝 열렸고, 촉수가 매우 예민해졌습니다. 몸매도 유선형으로 다듬어졌습니다. (중략) 인간들을 보십시오. 무기의 껍질, 권력의 껍질, 금력의 껍질을 지닌 사람보다도 맨몸으로 살아가는 사람들 편에서 역사는 발달하고 있습니다."

예수는 껍질을 버리라고 했다. 그 껍질은 바로 부富, 그러니까 재산이었다. 예수는 부에 대해서 매우 단호했다. 일단 부를 사랑하는 순간, 하나님을 잊는다고 했다. "아무도 두 주인을 섬길 수는 없다"라는 〈마태복음〉 6장 24절은 이런 맥락에서 나왔다. 물론 구약에서는 부자가 되는 것이 하나님의 축복이고 하나님과 밀접한 관계를 나타내는 징표였다. 역경을 이긴 이들에게 돌아오는 것이 자녀와 재산의 축복이 아니었던가. 그러나 신약에서는 부자가 되는 것이 하나님과의 관계를 가로막는 요인이라고 심심치 않게 정의한다.

부요함은 죄인가

그렇다면 부요함은 죄인가. 정당하게 일해서 부자가 된 것도, 나눌 줄 아는 부자도 결국은 죄인가. 기독교 내부에서는 몇 년 전 청부론淸富論 논쟁을 통해 이 고민을 시작했다. 촉발케 한 주인공은 김동호 목사다. 2003년 6월, 높은뜻숭의교회 홈페이지에 올린 글 〈존경하는 이건희 회장님께〉를 보면 이런 내용이 있다. "며칠 전 어느 경제 신문에서 이건희 회장님에 대한 기사를 읽었습니다. 회사의 총력을 5년, 10년을 내다보고 천 명을 먹이고 만 명을 벌어 먹일 수 있는 인재들을 양성하는 데 두라는 내용의 말씀이었습니다. 그 기사를 읽으며 가슴이 뛰었습니다. 아직도 나라의 희망이 있음을 느끼게 되었습니다. 그리고 조금 아부성 발언 같아 보입니다만 그 말씀 하나만으로도 회장님을 존경하여야겠다고 생각했습니다. (중략) 오늘부터 저는 삼성 팬이 되렵니다."

그런데 이건희 회장의 불법 탈법에 대해 넌더리를 내며 삼성을 나와 비리 의혹을 폭로했던 김용철 변호사는 《삼성을 생각한다》에서 같은 발언을 이렇게 해석한다. "이건희가 한 때 '한 명의 천재가 만 명을 먹여 살린다'며 해외 유명 대학에서 수학한 인재들을 영입하도록 다그친 적이 있다. 이렇게 영입된 인재들을 모아 미래 전략을 수립하기 위한 팀을 만들었지만, 별 성과를 내지 못했다. 영입 인재들의 실력이 부족했던 것은 아니다. 폐쇄적이고, 권위적인 삼성 문화가 이들이 능력을 발휘하는 것을 막는 걸림돌이었다. 외국 선진 기업이나 연구소에서 스카우트한 인재들이 삼성에 잘 적응하지 못하는 경우가 많았던 것도 이런 이유 때문이다. (중략) 삼성이 외부 인재가 적응하기 힘든 폐쇄적이고 권위적인 문화를 갖게 된 책임이 이건희 일가에게 있기 때문이다. 총수 일가를 위해 저지른 비리를 감추려면, 자연스레 폐쇄적인 분위기가 될 수밖에 없다." 김동호 목사는 이 책, 이 구절을 읽어 봤을까. 여전히 이건희를 존경할까.

    김동호 목사의 청부론은 이런 논리다. "저는 부자들도 거듭날 수 있다고 생각합니다. 세상에는 많지 않지만 정말 성령으로 거듭난 부자들이 있습니다. 저들은 저들의 부요함을 하나님이 자신에게 주신 은사로 생각하고 그 부요함을 이리식은 부자처럼 자기만을 위하여 사용하지 아니하고 하나님의 뜻대로 하나님과 하나님의 나라를 위하여 아낌없이 쓰는 부자들이 있습니다. 저는 세상의 희망이 부자의 거듭남에 있다고 생각합니다. 그래서 부자들을 포기하지 아니하고 저들에게도 복음을 전하기 위하여 노력합니다. 그리고 기대하고 기도합니다. 저들이 성령으로 거듭나 세상의 빈곤의 문제를 해결하는 데 의義의 병기兵器처럼 하나님께 쓰임 받는 사람이 되기를 말입니다."

    그러나 이러한 청부론에는 맹점이 있다. 자본주의 폐해에 대해 지나치게 안이하다는 점이다. 부자와 가난한 사람의 양극화 현상을 지극히 자연스러운 현상이라고 보는 것이다. 또 하나님이 애초에 세상을 그렇게 설계하셨다고 말한다. 막스 베버는 자본주의의 발전과 관련해 청교도의 금욕적 윤리에 주목했다. 자본주의가 태동할 당시의 청교도적 정신이 향락, 태만, 사치를 금하는 한편, 부의 축적을 신의 명령이자 자연스러운 것으로 여겼다는 것이다. 김동호 목사의 생각도 이에 뿌리를 둔 듯 보인다. 하지만 인간이 높은 윤리의식 아래 부에 대한 탐욕을 조절할 수 있다면 후대에 경제민주화에 대한 요구가 왜 나왔겠는가. 여러 말 필요 없이 지금이 땀 흘려 일하면 반대급부가 정직하게 회수되는 그런 세상인가.

돈에 대해 경각심을 갖지 않는다면 돈에 먹힐 수밖에 없다. 《야베스의 기도》라는 책이 열풍처럼 인기를 끌던 때가 있었다. 이 책 역시 "부라고 하는 것은 하나님의 뜻과 말씀대로 살면 받을 수 있는 은혜와 상급이다. 정직하게 번 돈에서 십일조와 구제 헌금을 떼고 난 다음, 나머지에 대해서는 자유롭게 이용해도 좋다"라는 것으로 요약할 수 있다. 이 책은 나아가 하나님께서 원하시는 것은 우리가 부자가 되고 근심하지 않는 복임을 분명히 했다. 이 책은 돈을 마음껏 벌고 쓰고 싶으나, 행여 욕심내는 것은 문제가 아닐지 고민하던 기독교인들에게 일종의 심리적 면죄부를 준 계기가 아닐까. 유관한지는 알 수 없으나 한국의 현대 교회가 빠르게 돈에 포위되던 시기도 이 책이 날개 돋친 듯 팔려나간 때와 맞물린다.

이 분야의 원조가 있었다. 여의도순복음교회의 '삼중 축복 오중 복음'이다. 예수를 잘 믿으면 영혼이 잘되는 축복, 범사에 잘되는 축복, 건강하게 되는 축복이 생긴다는 게 삼중 축복이고 중생의 복음, 신유의 복음, 축복의 복음, 재림의 복음, 성령 충만의 복음이 오중 복음이다. 여기서 범사에 잘되는 축복, 축복의 복음을 주목하자. 물질적 풍요와 연관돼 있다. 심지어 '부자가 되지 못하면 그리스도의 영광을 가리는 것'이라고 강조하는 부분도 있다. 이런 괴상한 복음을 설파한 여의도순복음교회 조용기 목사는 2013년 6월, 배임과 탈세 혐의로 불구속 기소됐다. 아들이 아버지가 담임 목사로 있던 교회에 주당 2만 원선인 주식을 무려 8만 원대에 팔아서 150억 원대의 손실을 끼쳤다. 일종의 증여인데 이 과정에서 60억 원대의 세금을 감면받은 혐의까지 있다. 혹시 예수 잘 못 믿는다는 이야기를 들을까봐 일부러 축재한 것일까.

카네기와 록펠러

존경받는 부자란 세상에 참 없다. 그래도 설교에서 자주 꼽히는 두 사람이 있다. 그중 한 명은 미국의 '철강왕' 앤드루 카네기다. 카네기는 자기 이름으로 세운 재단을 통해 빈곤·기아·질병과 싸웠다. 1889년에는 이런 기고문을 냈다. "사치를 피하고 검소한 생활의 모범을 보이는 것, 자신에게 의존하는 사람들의 정당한 욕구를 적절히 채워주는 것, 그런 후에 돌아오는 모든 잉여 수입을 신으로부터 좋은 일에 쓰라고 위임받은 신탁 기금으로 여기는 것, 그것을 공동체에 가장 유익한 결과를 낳을 수 있는 최상의 방식으로 관리하는 것." 이 기고문의 제목은 〈부자의 의무〉였다.

그는 정말 존경받을 만했을까. 그렇지 않았다. 독점적 철강업계 거두가 됐음에도 노동자들의 노동 강도를 높이고 봉급을 삭감하면서 '미국 산업 역사에 있어 가장 잔인한 수완가'가 됐다. 노동자들의 공장 점거 파업을 강제 해산시키다 10여 명을 죽게 하고 60명을 다치게 한 1892년 '홈스테드 학살 사건'이 결정적 계기였다. 조폭 부랑인 수백 명을 동원한 가혹한 진압이었다. 노동자 탄압만이 아니다. 경쟁 회사를 무너뜨리거나 합병하고 시장을 독점했다. '부도덕한 독점 재벌의 표본'이라는 비난을 사기에 충분했다.

또 한 사람, 존 록펠러도 마찬가지였다. 록펠러 소유 광산은 살인적인 노동력 착취와 저임금으로 악명이 높았다. 전미광산노조가 주도한 쟁의에 민병대를 투입해 40여 명을 숨지게 한 1913년 '러드로 대학살'은 지금도 록펠러 집안의 오점으로 남아 있다. '당대에 가장 혐오스러운 인물'이라는 오명은 그의 또 다른 별칭이기도 했다. 하지만 그에게는 '최고의 자선 사업가'라는 거짓말 같은 별칭도 있었다. '최대한 벌고 최대한 아껴 최대한 베푸는' 것이 자신의 사명이라고도 했다.

카네기나 록펠러는 그래도 자기를 착한 부자라고 말하지 않았다. 부끄러운 과거를 인식한 나머지, 여생을 기부와 헌신의 삶을 사는 염치가 있었던 것이다. 카네기는 홈스테드 사건을 계기로 크게 반성하고는, 재산의 9할을 기부하고 죽었다. 돈 벌기에 급급했던 록펠러는 건강이 악화돼 병원 신세를 졌을 때 벽에 붙은 '주는 자가 받는 자보다 복이 있다'는 성경 말씀을 읽고 감명 받아 평생 5억 3,000만 달러, 재산의 절반을 기부했다.

두 주인은 섬길 수 없다

예수는 부자 청년에게 5~9계명들 외에 '가진 것을 팔아 가난한 이들에게 주라'고 말했다. 그리고 자신을 따르라고 했다. 하지만 부자 청년은 슬퍼하면서 예수를 떠났다. 부자 청년은 그동안 자신이 믿고 의지하던 재물을 포기할 수 없었던 것이다. 돈과 하나님이라는 두 주인은 동시에 섬길 수 없다는 예수의 말에 부자 청년은 좌절했다.

마틴 루터 킹 목사는 이렇게 말했다. "우리가 물질적으로 부유해질수록 정신적으로, 영적으로 빈곤해진다. 우리는 새처럼 공중을 날고 물고기처럼 바다를 헤엄치는 복잡한 기술을 터득했지만 모두가 형제처럼 살아가는 간단한 기술을 터득하지 못했다." 예수는 왜 부자에게 재물을 팔아 가난한 사람들에게 나눠 주라고 했을까. 결국 '너 같은 위선 덩어리는 가까이하기 역겨우니 떠나라'는 말을 돌려서 한 것은 아닐까. 앞서 예수가 산상 수훈에서 '간음하지 말라' 정도가 아니라 '음란한 마음을 품지도 말라'라는 계명을 제시한 일을 거론하면서, 인간의 힘으로는 도저히 감당하기 힘든 율법을 강조한 것은 '자력으로는 구원을 받기 힘들다'는 뜻을 전하기 위해서라고 풀이한 바 있다. 그렇다면 이 맥락일까. 아니다. 부자로 하여금 재산을 다 내놓게 하는 것 또한 같은 뜻이라고 보지 않는다. 이 말은 액면 그대로 볼 필요가 있다. 예수는 이 부자 청년을 대견해 했다. 그를 제자로 삼고 싶어 했다. 그러려면 부요함의 껍데기를 벗겨야 했다. 즉 삶의 근간을 바꿔야 했던 것이다.

  부자 청년의 선행과 믿음은 실은 부유한 환경 속에서 이뤄졌다. 이 외피를 벗고 예수를 따르려고 하니 자신이 없었던 것이다. 〈누가복음〉 9장 23절에는 "나를 따르려는 사람은 누구든지 자기를 버리고 매일 제 십자가를 지고 따라야 한다"라고 했다. 어떻게 자기를 버릴 수 있을까. 앞서 나온 〈마가복음〉 10장 27절에 답이 있다. "그것은 사람의 힘으로는 할 수 없으나 하나님은 하실 수 있는 일이다. 하나님께서는 무슨 일이나 다 하실 수 있다." 물질에 매여 살지 않도록 날마다 기도하고 의지하며 나아가야 한다.

　자본의 탐욕이 하늘을 찌르는 세상이다. 돈은 권력은 물론, 교회도 무너뜨린다. 결국 인간성마저 파괴한다. 돈의 노예가 된 자들이, 힘없는 노동자들을 괴롭히는 형국이다. 끝내 돈에 지배당하지 않는 노동자가 승리하고 가진 자가 부끄럽게 되는 세상, 우리는 그 세상을 꿈꾼다. 사랑의 나눔이 자본의 탐욕을 이긴다. 또 아는가. 쌍용자동차 노동자들을 사지로 몬 사람들이 훗날 '나눔의 귀재'가 될지. 허망한 공상일까. 아니다. 사람의 힘으로는 할 수 없으나 하나님은 할 수 있는 일이다. 있는 자로 하여금 염치를 느끼게 할, 넘치는 능력이 하나님께 있기 때문이다.

아무도 두 주인을
섬길 수는 없다

> 여기서
> 잠깐

마태복음 6:24~34

24 "아무도 두 주인을 섬길 수는 없다. 한 편을 미워하고 다른 편을 사랑하거나 한 편을 존중하고 다른 편을 업신여기게 된다. 너희는 하나님과 재물을 아울러 섬길 수 없다." 25 "그러므로 나는 분명히 말한다. 너희는 무엇을 먹고 마시며 살아갈까, 또 몸에는 무엇을 걸칠까 하고 걱정하지 마라. 목숨이 음식보다 소중하지 않느냐? 또 몸이 옷보다 소중하지 않느냐? 26 공중의 새들을 보아라. 그것들은 씨를 뿌리거나 거두거나 곳간에 모아들이지 않아도 하늘에 계신 너희의 아버지께서 먹여 주신다. 너희는 새보다 훨씬 귀하지 않느냐? 27 너희 가운데 누가 걱정한다고 목숨을 한 시간인들 더 늘일 수 있겠느냐? 28 또 너희는 어찌하여 옷 걱정을 하느냐? 들꽃이 어떻게 자라는가 살펴보아라. 그것들은 수고도 하지 않고 길쌈도 하지 않는다. 29 그러나 온갖 영화를 누린 솔로몬도 이 꽃 한 송이만큼 화려하게 차려 입지 못하였다. 30 너희는 어찌하여 그렇게도 믿음이 약하냐? 오늘 피었다가 내일 아궁이에 던져질 들꽃도 하나님께서 이처럼 입히시거든 하물며 너희야 얼마나 더 잘 입히시겠느냐? 31 그러므로 무엇을 먹을까 무엇을 마실까, 또 무엇을 입을까 하고 걱정하지 마라. 32 이런 것들은 모두 이방인들이 찾는 것이다. 하늘에 계신 아버지께서는 이 모든 것이 너희에게 있어야 할 것을 잘 알고 계신다. 33 너희는 먼저 하나님의 나라와 하나님께서 의롭게 여기시는 것을 구하여라. 그러면 이 모든 것도 곁들여 받게 될 것이다. 34 그러므로 내일 일은 걱정하지 마라. 내일 걱정은 내일에 맡겨라. 하루의 괴로움은 그 날에 겪는 것만으로 족하다."

하늘에 보물을 쌓으라

〈마태복음〉의 이 구절은 예수의 물질관이 고스란히 담겨 있는 내용이다. 예수는 인간이 물질을 하나님과 같이 여길 가능성이 있다고 봤다. 예수의 이런 판단은 실은 이스라엘 백성이 구약 시대서부터 남겨 온 수많은 근거를 통해 입증됐다. 물질의 더 큰 풍요를 위해 바알에게 붙었던 이스라엘 백성의 어리석음이 그랬다. 반半정주·반半유목 생활을 하던 이스라엘 민족은 내내 궁핍했다. 그래서 하나님이 아닌 농사의 풍요를 가져다 주는 신을 섬기게 된다. 실제 바알은 '주인' 또는 '소유주'라는 뜻인데, 땅을 소유하고 풍요와 다산을 지배하는 남성 신이다. 이들은 혹시 바알이 바쁠까 봐 아스타롯도 믿었다. 아스타롯은 바알의 배우자다. 새 주인으로 바알을 섬기려 했던 이스라엘 백성들에게 하나님은 "가까이하지 말라"라고 여러 번 경고했다. 부를 얻기 위한 과정도 그렇지만 부를 지키는 과정에서도 우범성이 도사린다. 예수는 그렇게 봤다. 앞선 20절에는 보물 있는 곳에 우리의 마음도 있기 때문에 예수는 보물을 땅이 아닌 하늘에 쌓으라고 명했다.

1923년 시카고 에드워드 비치 호텔에 미국 부자들 일곱 명이 모였다. 이 모임에 모인 사람들의 재산이 당시 미국 전체의 국고보다 더 많았다. 그래서 이 모임 이름을 '미다스Midas의 모임'이라고 했다. 무엇이든지 손만 대면 금으로 바뀌었다는 전설의 왕의 이름을 딴 것이다. 25년이 지났다. 그들은 어떻게 됐을까. 두 사람은 거지, 한 사람은 감옥에 복역하는 신세, 한 사람은 앞서서 감옥에 다녀왔다가 병에 걸려 시름시름 앓던 상황이었다. 또 한 사람은 스스로 목숨을 끊었고, 또 다른 한 사람은 자살을 시도했다가 병을 얻고 있는데 누구로부터도 도움을 얻지 못하는 처지였다고 한다. 약속이나 한 듯 불행해진 까닭, '돈' 말고는 유추할 게 없다.

복권 당첨자들을 보면 이런 사실이 더욱 명징해진다. 이젠 굳이 사례를 들지 않더라도 복권 당첨자의 끝이 대체로 어둡다는 것쯤은 통념에 가깝다. 전문가들에 따르면 복권 당첨자 다섯 명 가운데 네 명은 불행한 삶을 살게 됐다고 한다. 다섯 명 중 세 명은 이혼하고, 도박에도 손을 댔다고 한다. 일확천금을 얻은 이들의 인생은 왜 총체적으로 뒷걸음질 쳤을까. 대체로 당첨자들은 직장을 그만뒀다. 더 이상 경제 활동을 할 필요가 없다는 판단에서다. 평소 큰돈을 만져본 일이 없기에 씀씀이를 자제하지 못한 채 무턱대고 돈을 뿌린다. 결국 '내리막길 인생'이 됐다. 물론 주변의 압박과 회유로 망한 경우도 있다. 1997년 미국에서 복권 당첨으로 265억 원을 벌었다가 파산한 어느 재미교포 이야기가 그렇다. 8년 뒤 텅 빈 원룸에서 정부 보조금으로 연명하는 신세의 이 사람, 당첨 이후 '돈을 달라', '안 주면 자살하겠다' 등 온갖 협박 편지를 받았다. 금융권에서도 귀찮게 투자를 권유해 왔다. 결국 일상으로부터 자신이 격리되고 말았다.

돈이 얼마나 무서운지는 우애 좋던 재벌가 형제끼리 유산을 놓고 벌이는 소송에서도 쉽게 볼 수 있다. 어떤 목사 형제 집안 이야기는 엽기다. 두 사람은 교회의 권력과 세를 다투는 과정에서 분파됐다. 동생은 형을 '이단'이라고 비난했다. 그러다 수십 년 지나 형제는 화해한다. 그런데 은퇴를 목전에 둔 상황에서 남편의 권세를 혹시 그의 동생이 챙길까 염려하던 부인 즉, 동생의 형수는 둘을 이간질하고 끝내 분열하게 만든다. 큰아들과 작은아들은 아버지의 교회가 출자해서 세운 회사를 서로 가지려고 직간접 소송을 벌였다. 그렇게 해서 누군가는 부를 차지할 것이다. 그새 행복은 증발해 버리겠지만 말이다.

인간은 번민의 덩어리다. 인간의 여러 행위 가운데 노동과 부의 축적은 가난해질까 봐 염려하는 마음에서 시작된 것이라고 해도 과언이 아니다. 천민자본주의가 활개치고 신자유주의가 만연해지면서 인간의 고민은 더욱 깊어만 간다. 먹고살기 위해 이제는 영혼까지 팔아야 하는 시대다. 이걸 미리 예견한 예수는 오늘날의 표현으로 '먹고사는 문제에 집착하지 말라'고 강조했다. 스스로 생존하는 공중의 새와 들에 핀 꽃을 비유하며 말이다. 사실 먹고사는 문제에 초월하지 않으면, 인간은 한없이 비굴해진다.

게으를 수 있는 권리

밥과 김치를 아쉬워하다가 생을 마감한 극작가를 우리는 기억한다. 셋방에 살던 그 작가는 오랜 병환에 시달렸고 스스로 생계를 이을 능력을 잃었다. 주인집에 도움을 구하려던 흔적과 함께 시신으로 발견이 됐다. 기독교인 정치인이라면 이런 현실을 개선하기 위해, 예수의 가르침을 현실 정치에서 선행적으로 구현해야 한다. 다시 이야기해, 인간이라면 누구나 존엄한 삶을 살 수 있도록 사회 안전망을 제대로 갖춰야 한다는 말이다. 품위 유지는커녕, 먹을 것이 없어 굶어 죽는 일은 막아야 한다.

인터넷에는 이런 차가운 반응이 있었다. "아니, 편의점 알바를 하던가. 꼴에 그런 것은 하기 싫어서 굶다가 죽은 것 아닌가." 죽음에 대한 감정 이입이 안 되는 어떤 정서 결핍자의 망발이라고 해도 그 씁쓸한 감회는 지우기 힘들다. 설령 그 극작가가 기초적 생계 활동이 싫어서 하지 않았다고 한들, 품위를 유지하며 사는 게 비난의 대상일 수 있겠는가. 이런 반응에는 복지를 강화하고 사회 안전망을 촘촘하게 구축하면 놀고먹는 사람만 늘어나게 된다는 염려가 서려 있다. 도덕적 해이에 대한 걱정이다. 그걸 걱정할 만큼 우리 사회에 놀고먹는 이들이 많던가. 무릎을 맞대고 한번 계산해 보자. 그런 부류에 극빈층이 많은지 부유층이 많은지.

이솝 우화에 나오는 개미와 베짱이의 교훈을 보자. 무더운 날, 열심히 일하는 개미와는 다르게, 베짱이는 놀고 즐겼다. 그러다 베짱이는 겨울에 먹을 음식이 없어 굶는다. 근면한 개미는 미화되고, 게으른 베짱이는 비난의 대상이 된다. 자본주의의 흉계는 이 이야기를 통해 사람들의 머릿속에 침투한 다음, 상식으로 믿게 만든다. 인간에 대한 자본주의의 착취는 그렇게 유년기부터 정당화된다.

정말 열심히 일하는 게 절대선일까. 개미처럼 살면 언젠가 쉬며 즐기는 날이 올까. 카를 마르크스의 《자본》에 등장하는 한 여성을 보자. 모자 제조 회사에 고용돼서 매일 평균 16시간 30분이나 노동했다. 더구나 성수기에는 30시간 이상 중단 없이 일했다. 과로로 노동력이 마비될 때는 종종 셰리나 포트와인 또는 커피를 먹어가며 노동력을 되살렸다. 개미는 행복했을까. 아니었다.

폴 라파르그가 쓴 《게으를 수 있는 권리》를 남산강학원 연구원 수경은 이렇게 요약한다. "우리, 게을러지자! 노동은 결코 숭고하지 않다! 적게 일하고, 대신 우리들의 창조적인 삶을 위해 기쁘게 시간을 보내자! 그는 게으르다는 것이야말로 '길들임'에 대한 강한 반발 행위라고 역설하고 있다. 사회가 원하는 대로, 회사와 학교가 하라는 대로 착실하게 따라갔을 때 우리의 종착지는 어디인가? 라파르그의 표현에 따르면 '노예의 삶'이다. 그저 시키는 대로 고분고분, 오히려 일 좀 달라고, 쟤보다 내가 더 잘할 수 있다고 소리 높여 외치는 노예. 그러나 열심히 일하면 할수록 점점 더 궁핍해지는 삶!"

잉여를 포기하라

부에 대한 탐욕과 집착은 벌이가 시원찮은 사람이라도 덜 할 리 없다. 예수는 사람들이 부에 집착하는 것을 염려했다. 본문에 나온 대로 "너희는 하나님과 재물을 아울러 섬길 수 없다"라고 했고, 〈마가복음〉 10장에서는 "부자가 하나님 나라에 들어가는 것보다는 낙타가 바늘귀로 빠져나가는 것이 더 쉬울 것이다"라고도 했다. 물질적 부가 구원을 가로막는다고 경고했다. 동양에서도 보면 맹자가 "부자가 어진 삶을 살 수 없고, 어진 삶을 살려면 부자가 될 수 없다"라고 했고, 공자는 "군자는 도덕에 밝고 소인은 잇속에 밝다"라고 했다.

그렇다면 얼마만큼 벌고 또 얼마만큼 축적해야 하나님의 기준에 합당할까. 성경은 인간 삶의 기본을 유지할 수 있는 선이라고 말한다. 쉽게 이야기해 많이 남기지 말라는 것이다. 역사와 시대를 조망했을 때 비단 회사나 기관 같은 조직만이 아니라 가정마저도 물질적 잉여가 넘쳐날 때 망조가 들었다. 남는 것이 많으면 탐욕이 커지게 되고, 결국 그 잉여를 자기에게 이롭게 쓰기 위해 싸움을 건다. 돌아보라. 지금 한국 교회 안에 분쟁 난 교회를 보면 대부분 잉여 자금을 놓고 벌이는 쟁투 양상이다. 있을 때 써야 한다. 교회가 돈을 쌓아 두고 나중에 한꺼번에 기부하는 걸 본 적 있나. 보통은 교회의 땅을 넓히거나, 건물 짓는 데 쓴다.

"잉여 자산을 많이 확보하라." 이것은 재테크의 1계명이다.

갑자기 닥쳐올 위기에 대비하기 위한 수단으로써 부를 축적해두라는 말이다. 그러나 적당한 저축 그 이상의 부는 탐욕이라는 박테리아와 결합이 돼 치명적 합병증을 낳기 마련이다. 돈이 있으면 써야 한다. 개인의 생계를 위해 또 문화생활을 영위하는 데 써야 한다. 여기에는 사회 공헌도 포함된다. 이것은 의무다.

그렇게 쓰다가 나중에 위기가 오면 어떻게 할까 염려되는가. 통계로 입증할 수는 없지만 위기는 잉여가 클 때에 오지, 가치 있게 돈을 쓸 때에 오지 않는다. 또 예수는 "그 걱정하지 말라"라며 "너희는 먼저 하나님의 나라와 하나님께서 의롭게 여기시는 것을 구하여라. 그러면 이 모든 것도 곁들여 받게 될 것이다"라고 했다.

〈먼저 그 나라와 의를 구하라〉는 노래는 바로 이 말에 곡조를 붙인 것이다.

"먼저 그 나라와 의를 구하라 그 나라와 그 의를
그리하면 이 모든 것을 너희에게 더하시리라
할렐루야 할렐루야 할렐루야 할렐루 할렐루야

사람이 떡으로만 살 것 아니요 하나님 말씀으로
그리하면 모든 것을 너희에게 더하시리라
할렐루야 할렐루야 할렐루야 할렐루 할렐루야

구하라 그리하면 주실 것이요 찾으라 찾을 것이요
두드리라 문이 열릴 것이니 할렐루 할렐루야
할렐루야 할렐루야 할렐루야 할렐루 할렐루야"

이 노래를 만든 사람은 카렌 라페티라는 여성이다. 국제예수전도단 설립자인 로렌 커닝햄이 쓴 《벼랑 끝에 서는 용기》를 보면, 이 여성은 원래 나이트클럽에 불려 다니는 가수였다. 그러다가 교회 사역자가 됐다. 주일에는 교회 사역을 하고, 평일에는 유흥업소에서 노래를 불렀다. 그러면서 이 삶이 서로 어울리지 않는다고 내심 괴로워했다. 그런데 포기할 수 없었다. 먹고사는 문제였기 때문이다. 일자리를 그만두면 무엇으로 먹고 살까, 이 고민에 천착했던 것이다.

그러다가 큰 결심을 하고는 그만뒀다. 얼마 뒤, 그녀는 기도 중에 성경 구절을 만났다. 큰 감화를 받았다. 곧바로 기타를 집어 들었다. 그 구절에 곡조를 붙였다. 노래 불렀다. 그리고 악보로 옮겨 적었다. 이것이 바로 〈먼저 그 나라와 의를 구하라〉다. 라페티는 이 노래를 담은 악보와 음반을 세상에 내놓았다. 엄청난 수익을 거뒀다. 먹고살 걱정은 사라졌다. 먹고사는 문제를 버리면서까지 하나님의 뜻을 존중하고 신뢰하는 이에게 임한 복이었다.

나는 지금 돈을 장악했는가, 아니면 장악당했는가. 돈을 포기할 수 있는지, 포기 못하는지가 시금석이다. 라페티처럼 돈에 장악당하지 않을 때 영적 자유와 사회적 책임, 그리고 물질에 지배당하지 않는 힘이 생길 줄 믿는다.

인간 예수의 분노

마가복음 11:15~19

15 그들이 예루살렘에 도착한 뒤, 예수께서는 성전 뜰 안으로 들어가 거기에서 사고팔고 하는 사람들을 쫓아내시며 환전상들의 탁자와 비둘기 장수들의 의자를 둘러엎으셨다. 16 또 물건들을 나르느라고 성전 뜰을 질러 다니는 것도 금하셨다. 17 그리고 그들을 가르치시며 "성서에 '내 집은 만민이 기도하는 집이라 하리라'고 기록되어 있지 않느냐? 그런데 너희는 이 집을 '강도의 소굴'로 만들어 버렸구나!" 하고 나무라셨다. 18 이 말씀을 듣고 대사제들과 율법학자들은 어떻게 해서라도 예수를 없애 버리자고 모의하였다. 그들은 모든 군중이 예수의 가르침에 감탄하는 것을 보고 예수를 두려워하였던 것이다. 19 저녁 때가 되자 예수와 제자들은 성 밖으로 나갔다.

예수의 희로애락

예수의 일생을 다룬 복음서 어디에도 예수가 웃었다는 내용이 없다. 불현듯 움베르토 에코의 소설 《장미의 이름》이 생각났다. 한 수도원에서 사람이 죽은 채 실려 나갔다. 사건의 진상을 조사하던 신부는 도서관을 주목했다. 변을 당한 사람들 중에 여기를 들르지 않은 경우는 없었기 때문이다. 그래서 도서관을 뒤졌다. 밀실을 발견했다. 열고 보니 늙은 수도사가 한 명 있었다. 그리고 그와 때아닌 논쟁을 펼쳤다. 소득은 없었다. 결국 등 돌려 밀실을 나왔다. 그런데 직후 도서관에 불이 났다. 기독교 최대 장서를 자랑하던 그 도서관은 결국 잿더미가 됐다.

추리 소설이라면 범인이 누구인지 의구심을 증폭시킬 것이다. 그러나 《장미의 이름》은 대놓고 말한다. 범인은 그 늙은 수도사라고 말이다. 그의 이름은 호르헤. 정신 착란자였다. 범인이 했던 말 가운데 핵심은 이것이다. "성경에 보면 주께서 웃으셨다는 기록이 없다."

죽어서 실려 나간 사람들은 아리스토텔레스의 《시학》 2권 즉 웃음에 관한 내용을 읽은 이들이었다. 이런 책자가 지금까지 내려오던 전통적인 종교 해석을 위협할 것이라 판단한 범인은 표독한 꾀를 짜낸다. 새로운 사조에 눈을 뜬 젊은 수도사들

을 모두 죽여 없애야겠다고 마음을 먹은 것이다. 그래서 《시학》
에 독을 묻혀 놓는다. 혀에 침을 대 페이지를 넘기던 이들은 영
문도 모른 채 하나둘씩 죽어갔다.

　신학에 대한 광신과 철학에 대한 증오를 우리는 근본주의
라고 부른다. 근본주의는 기본적으로 희로애락을 악마라고 본
다. 따라서 웃음을 악마로 여기는 것이다. 근본주의는 예수에게
신령한 권위를 싣고자 온갖 이적을 덧입히고, 아울러 희로애락
따위는 없었던 신화적 존재로 만들어 낸다. 근본주의의 폐해를
잘 이해할 수 없다면 이슬람 원리주의를 떠올리면 된다. 재론하
지만 테러리즘을 합리화하는 이들은 기독교 근본주의와 마찬가
지로 '펀더멘털리즘'이라는 표현으로 통칭된다. 이슬람의 미사
일이나 조지 부시를 필두로 한 기독교 문명의 미사일이나 인도
주의 따위는 전혀 고려하지 않는 다 같은 폭력이다.

　예수는 인간의 몸을 입고 세상에 왔다. 그리고 신이 아닌
인간의 모습으로 인간으로서의 삶을 살았다. 예수는 인간 그 자
체였다. 이런 예수에게 희로애락이 없었다는 것은 말이 안 된다.
이걸 고백하지 않으면 이단이다.

　정연복 한국기독교연구소 연구위원이 한 말이다. "남미 어
느 신자의 예수 고백이 바로 그렇다. '노동자나 농부가 예수의
희로애락을 알고 싶으면 자기네 자신의 희로애락을 성찰해 보
는 것으로 충분하다.' (중략) 복음서에서 예수는 인간에게 끝없이
다가선다. 그런데 오늘날 우리는 바로 그 복음서를 갖고 예수를

인간으로부터 끝없이 갈라놓는다. 복음서에서 예수는 민중과 한 몸이다. 그런데 목회자와 신학자들은 교리와 신학을 들이대면서 예수를 자꾸만 신격화해서 민중과는 도무지 어울릴 수 없는 초월적인 그리스도로 둔갑시킨다. 그래서 이 땅의 가난한 신자들이 '자기네 자신의 희로애락'과는 무관한 예수를 그들의 구세주로 모시는 서글픈 일이 마치 아무렇지도 않은 듯이 벌어진다."

〈마가복음〉 11장의 성전 정화 사건은 예수의 희로애락 가운데 '노怒'에 해당한다. 예수는 당시에 화가 많이 났다. 왜 화가 났을까. 성전 앞에서 장사해서일까. 맥락을 보면 꼭 그런 것은 아니다. 당시 성전은 하나님에게 제사를 하는 곳이었고, 그 앞에서는 희생 제물용인 소·양·염소·비둘기 따위를 팔았다. 교회 건물 안에 신앙 보조 용품을 파는 기독교 서점이 있는 격이다. 게다가 11장 16절을 보면 성전을 가로질러 물건을 나르는 것도 허용하지 않았다. 제사를 하려면 당연히 물품을 옮겨야 할 텐데 그것조차 금지한 것이다.

서강대학교 교수인 박태식 성공회 신부가 예수의 심정을 이렇게 풀이했다. "이 위선자들아! 마음이 실리지 않은 제사는 왜 하느냐? 그럴 뜻이라면 제물을 사는 것, 제기 나르는 일 다 때려치워라!" 이게 '제사하지 말라', '예배하지 말라'는 뜻일까. 설명이 더 필요하다. 유대인이라면 누구나 유월절에 맞춰 예루살렘 성전을 순례해야 한다. 제사에도 참여해야 한다. 제사의 필수품은 흠 없는 짐승이다. 따라서 반드시 지참해야 한다. 그러나

긴 여행을 하다 보면 짐승은 흠이 없다가도 생기기 마련이다. 그래서 성전 앞에서 짐승을 팔며 호객하는 장사꾼이 판을 치는 것이다. 물론 종교 지도자들도 그러한 장사를 허용했을 것이다. 그 종교 지도자들은 이미 신의 이름으로 백성의 고혈을 짜고 있었다. 예수는 이 모든 것에 분노했다. 괜히 '강도의 소굴'로 만들었다고 한 게 아니었다.

다른 이유도 있어 보인다. 경성대학교 김명수 교수는 당시 성전은 로마 수하에 놓여 있었으며, 유대 민중과 로마 당국 사이에서 식민지 지배를 가능하게 했던 방편 역할을 했다고 지적했다. 만민이 기도해야 하는 집이 억압과 야합과 장사의 장소로 변질됐다는 설명이다. 결국 당대 종교 기득권 세력에 대한 선전포고였던 셈이다. 사실 예수는 역사에서 후미진 곳에서 소외되고 고통받던 이들을 일깨우고 해방과 자유를 선포했던 인물이 아닌가. 그 연장선이었다. 당연히 도전을 받은 이들은 어떻게 하면 예수를 제거할 수 있을지 골몰했다. 예수를 십자가에 못 박아 죽일 궁리를 마침내 실행으로 옮기기로 다짐하게 된 계기가 이렇게 마련됐다.

오늘날 한국 교회는 이로부터 얼마나 자유로운가. 이미 물량주의에 매몰돼 자기 정체성을 잃어버린 상황이 아닌가. 나 스스로 의롭다고 말할 수 있는 것은 아니나 할 말은 해야 하지 않겠는가. 이 책을 쓰는 2013년 상황을 보자. 비판 교인을 내쫓았고, 20억이 넘는 교회 돈을 개인이 착복한 것으로 드러나 구속 수감 중인 정삼지 목사. 세습을 절대 안 하겠다고 말하고는 세습을 했고, 한기총 회장을 하려고 돈을 뿌렸던 길자연 목사. 원로 목사의 말을 아전인수 격으로 편집해 2,000억 넘는 초호화 성전을 건축하고, 학위 취득 과정에서 물의를 빚고도 책임을 회피한 오정현 목사. 여성 교인을 성추행하고도 뻔뻔스럽게 잘못 없다고 이야기하고, 인근에 교회를 개척해서는 '흠결 없는 사람 있느냐'며 설교하는 전병욱 목사. 100억대의 배임으로 교회에 손해를 끼치고, 이걸 감추려고 탈세하다가 기소당한 조용기 목사. 종류도 가지가지, 유형도 가지가지다.

이 모든 범죄적 행위의 배경에는 범죄를 묵인하고 심지어 동조하기까지 하는 교인들이 있다. 공범이라는 이야기는 아니다. 그러나 이들은 적어도 문제를 야기하는 이들로 하여금 오판하게 만드는 주체다. 여전히 정삼지 목사의 석방을 갈망하며 노회를 바꾸면서까지 '정삼지의 교회'로 현상 유지하려는 교인들. 길자연 목사의 아들도 좋다며 세습 목회에 지지를 표한 85.5퍼센트의 교인들. 오정현 목사의 거짓 눈물 사과에 '아멘'과 박수로 화답하고 수천억대 교회 건축에 동조한 94.2퍼센트의 교인들. 사실상 회개를 거부한 전병욱 목사가 개척한 교회에 출석하는 700여 명의 교인들. 조용기 목사 일가의 기득권을 방조 유지하게 만드는 이영훈 목사와 일부 장로들, 그리고 교인들······. 이들은 지도자의 비행을 묵인하고 방조하며 나아가 동조함으로써 한국 교회를 병들게 만들었다. 이들에게 사감私感은 없다. 억울하다 할 이들이 있을지 모르겠다. 그러나 교회 밖 민중의 눈에는 그렇게 판단된다.

예수라면 어떻게 할 것인가

찰스 셸던의 소설 《예수라면 어떻게 할 것인가》는 제목에서부터 우리의 할 일을 보여준다. 내용 중에는 이런 게 있다. 미국의 민간 철도 회사 중역 한 사람이 있었다. 그는 설교를 듣고 반듯하게 살아야겠다고 마음먹었다. 그런데 어느 날, 자신에게 서류가 잘못 배달됐다. 서류에는 자기 회사가 연방 정부법에 위배되는 조직적인 범법 행위를 남몰래 저지르고 있다는 사실이 적혀 있었다. 선택은 둘 뿐이었다. 사직 당국에 자기 회사를 고발하거나, 아니면 모르는 척하거나. 처세를 위해서라면 후자의 길을 택해야 마땅했다. 그러나 그는 변화된 삶을 살겠다고 다짐했다. 결국 회사를 고발했다.

우리는 항상 '예수라면 어떻게 할 것인가'라는 질문을 던져야 한다. 교회 내부에 비리가 있을 때 예수라면 어떻게 할 것인가. 그 많은 대형 교회 교인들처럼 침묵하고, 나아가 기득권자를 옹호할 것인가. 예수의 답은 이미 나와 있다. '강도의 소굴'이라며 정화했을 것이다.

이런 성전 정화 사건에 대해 한국 교회가 아닌 유대교 종교 지도자를 상대로 한 것이니, 무리하게 교회 개혁과 연결 지어 해석하면 안 된다고 말하는 신학자가 있었다면 믿겠나. 성결대학교 배본철 교수는, 한 신문과의 인터뷰에서 이런 말을 했다. "예수님께서 비판하시고 지적하셨던 당시의 종교 지도자들은 기독교인이 아니었다. 그들은 유대교의 지도자들이었을 뿐이었다. 예수님은 그의 교회들을 향해서는 그런 언행을 보이신 적이 없다."

  예수의 분노는 결국 고난을 불렀다. 예수는 갈릴리에 나타나 민중의 지지를 받더니, 예루살렘에까지 진출해 종교 기득권의 총아인 성전을 뒤엎어 버렸다. 당대 기득권층 입장에서 그런 예수를 방치하는 것은 위협을 키우는 꼴이었다. 이즈음 로마와 결탁한 이스라엘의 '사회 지도층'은 예수의 제거를 획책한다. 예수는 이 사실을 몰랐을까. 아마도 알았을 것이다.

예수의 고난

  필리핀 한 마을에는 매년 자청한 사람들을 중심으로 실제로 십자가에 손과 발을 못 박는 행사가 고난 주간마다 있다고 한다. 상상만 해도 끔찍하다. 이런 이벤

트가 아니라, 실제로 죄인 취급을 받으면서 예수의 고난을 자청했던 인물들이 적지 않다. 콜로세움에서 맹수에 잡아 먹혀도 두려워하지 않았고 대화재로 정치적 위기에 몰린 네로 황제로부터 방화 책임을 뒤집어 쓴 로마의 성도들, 예수상이 새겨진 목제 또는 금속판을 밟고 지나가도록 강요당했으나 밟지 않고 모진 고문을 당하며 죽은 일본의 '기리시탄(숨은 그리스도인)' 등……. 우리는 그들의 고난을 경험해 보지 않았다. 예수의 고난에 참여한다면서도 정작 그 고난의 반의반도 느껴 보지 못하고서, 영광된 면류관을 찾으려 하지는 않았는지 반성이 필요하다.

엔도 슈사쿠의 소설 《침묵》을 펼쳐든다. 로드리고 신부가 일본에 파견됐다. 그의 눈앞에서 일본인 신도들이 잔인하게 죽어 나갔다. 당시 기독교인들에게 가해진 박해는 오늘날 지구상에 존재하는 모든 처형과 고문, 감시 제도의 원조였다고 한다. 처음에는 십자가형이나 화형의 방식으로 기독교인을 죽였다. 그런데 기독교인들이 죽음을 순교로 받아들이자 최대한의 고통 속에 죽도록 갖가지 방법들이 고안됐다. 썰물 때 갯벌에 묶어 두고 밀물 때 서서히 익사시키는 방법을 비롯해 끓는 유황 열탕이나 끓는 물, 오물 등을 이용해 고통 속에 죽어가도록 한 방법들도 기록에 남아 있다고 한다. 박해로 인한 순교자가 30만 명 정도였다. 그러니까 당시 기독교인 세 명 중에 한 명이 순교를 당했다는 것이다.

이들이야말로 자신의 처지를 예수의 고난에 빗댈 수 있었던 사람이었다. 이를 지켜봐야 하는 로드리고 신부는 혀 깨물고 죽고 싶은 심정이었을 것이다. 자신이 가르쳐 준 성경과 교리를 지키고자 한 죄밖에 없는 이들의 죽음에 자신의 책임이 있는 듯 보였기 때문이다. 이제 책 제목이 거론된다. 왜 하늘에 계신 하나님은 '침묵'하고 있는 것인가. 저 흉측하고 잔인한 세력에게 날벼락이라도 내려 단칼에 저주해야 하는 것이 아닌가. 로드리고 신부의 독백이다. "예루살렘의 밤, 한 사나이의 운명에 아무 관심도 없이 불에 손만 쬐고 있던 몇 사람의 모습. 그들처럼 이 파수꾼들도, 인간이란 이 정도로 타인에게 무관심할 수 있구나 하고 느끼게 하는 그런 소리로 웃기도 하고 지껄이기도 했다. 우리가 생각하는 것처럼 도둑질을 한다거나 거짓말을 하는 그런 것이 죄가 아니었다. 죄란, 인간이 또 한 인간의 인생을 통과하면서 자신이 거기에 남긴 흔적을 망각하는 데 있었다."

 신부의 선택은 무엇이었을까. 아름다운 순교? 아니다. 배교背敎였다. 하나님이 그려진 형상물 위를 걸었다. "기독교는 아무 것도 아닌 신앙"이라고 말했다. 그래야 남은 신자라도 살 수 있었다. 아니, 그보다는 이런 참극 속에서 침묵하는 하나님에 대한 항거였을지 모른다. 하나님을 배신한 '나'를 벼락 쳐 죽이는 방식도 좋으니, 제발 이 무책임한 침묵을 깨시라고 말이다. 그렇게 로드리고 신부는 배교를 선택했다. "성화를 밟은 자에게도 밟은 자로서의 할 말이 있어요. 성화를 제가 즐거워서 밟았다고 생각하십니까? 밟은 이 발은 아픕니다, 아파요. 나를 약한 자로 태어나게 하신 하나님이 강한 자 흉내를 내라고 말씀하십니다. 그건 무리라고 생각하지 않습니까? 그건 억지이고말고요."

이에 대한 하나님의 답이 《침묵》 안에 소개된다. "밟아도 좋다. 네 발은 지금 아플 것이다. 오늘까지 내 얼굴을 밟았던 인간들과 똑같이 아플 것이다. 하지만, 그 발의 아픔만으로 이제는 충분하다. 나는 너희의 아픔과 고통을 함께 나누겠다. 그것 때문에 내가 존재하니까. 나는 침묵하고 있었던 게 아니다. 함께 고통을 나누고 있었을 뿐." 내가 예수가 되는 길이 어려울까, 내가 예수를 죽인 죄인이라 자백하는 것이 어려울까. 우리는 이 질문 앞에 서 있다.

우리는 부활의 예수를 기념하는 걸로 그치지 않고, 예수를 못 박은 죄인에 다름 아닌 우리의 실존을 발견해야 할 것이다. 우리 스스로 성전을 정결하는 주체가 아닌, 정결당할 대상자임을 자각해야 한다. 그런 의미에서 날마다 자신을 부인하며 나아가는 사람이 돼야 한다. 그것은 예수를 버리는 게 아니라, 친소 관계 또는 이익 관계를 버리는 것이다. 이런 관계들은 '바르고 옳은 것'의 뒷전에 놓아야 한다. 그래야만 고난 받는 예수를 따르는 신앙인이며, 부활 신앙을 계승하는 예수의 제자 아니겠는가. 금요일에 한 끼 금식하고, 일요일 새벽에 머리에 두건을 두르고 촛불을 켜고 계란을 먹는 게 전부가 아니다. 나의 죄인 된 실존을 자각하는 것, 그것이 필요하다.

가이사의 것은 가이사에게

마가복음 12:13~17

13 그들은 예수의 말씀을 트집 잡아 올가미를 씌우려고 바리새파와 헤롯 당원 몇 사람을 예수께 보냈다. 14 그 사람들은 예수께 와서 이렇게 물었다. "선생님, 선생님은 진실하시며 사람을 겉모양으로 판단하지 않으시기 때문에 아무도 꺼리시지 않고 하나님의 진리를 참되게 가르치시는 줄 압니다. 그런데 가이사에게 세금을 바치는 것이 옳습니까? 옳지 않습니까? 바쳐야 합니까? 바치지 말아야 합니까?" 15 예수께서 그들의 교활한 속셈을 알아채시고 "왜 나의 속을 떠보는 거냐? 데나리온 한 닢을 가져다 보여 다오" 하셨다. 16 그들이 돈을 가져오자 "이 초상과 글자가 누구의 것이냐?" 하고 물으셨다. 그들이 "가이사의 것입니다" 하고 대답하자 17 "그러면 가이사의 것은 가이사에게 돌리고 하나님의 것은 하나님께 돌려라" 하고 말씀하셨다. 그들은 예수의 말씀을 듣고 경탄해 마지않았다.

가이사와 예수

그레고리력이라 불리는 양력을 받아들이기 전인 1564년까지는 새해가 4월 1일이었다. 그러다가 프랑스는 샤를 9세에 의해 새해의 첫날이 1월 1일로 바뀐다. 그래도 4월 1일이 좋다는 사람들이 있었다. 1월 1일로 바꾸자는 데 동의하는 사람들이 이들에게 가짜 새해 선물을 보내는 식으로 약을 올렸다. 빈 통을 선물이라고 보낸 거다. 이런 식으로 이날을 익살을 떠는 날로 삼자는 사람들 때문에 만우절이 생겼다.

이 이야기를 왜 하느냐. 오늘날 인류가 쓰는 달력은 바로 가이사(율리우스 카이사르)가 만들었기 때문이다. 당초 1년은 열 달이었다. 그러던 것을 두 달을 더 추가해 12월로 만든 주인공이 바로 가이사다. 가이사는 가장 즐거운 휴가의 계절 7월에 자신의 이름 율리우스를 붙여 '줄라이July'라고 명했다. 수술을 통해 태어난 경우를 '제왕절개帝王切開·Caesarean section'라고 하는데, 이때 제왕은 바로 가이사를 말하는 것이다. 그가 그렇게 태어났기 때문이다. 그래서 가위는 영어로 시저Scissors다.

가이사의 위세와 명망은 여기서 그치지 않는다. 기원전 49년 반란을 일으키려 했을 때에 "주사위는 던져졌다"라는 명언을 남긴 것도 그이고, 그렇게 해서 이탈리아 북부를 향해 진격할 때에 강을 건너자 "루비콘 강을 건넜다"라는 말을 남긴 이도 그

이며, 2년 뒤 전쟁에서 승리하고 원로원에 "왔노라 보았노라 이 겼노라"라고 보고한 주인공도 가이사다. 가이사의 위세가 얼마나 대단했으면 그가 내뱉은 말들이 지금끼지 이렇게 남겨졌겠는가.

〈매일경제신문〉에 허연 기자가 쓴 글이다. "유사 이래 루비콘 강을 건넌 사람은 셀 수 없을 정도로 많다. 그런데 왜 역사는 오로지 가이사만을 기억하는 것일까?" 영국의 사학자 에드워드 카의 말을 함께 전한다. '가치 평가를 하지 않고 사실만을 기록한다면' 심각한 문제가 생길 수 있다는 것이다. 예를 들어 '가치를 따지지 않고 사실만 기록한다면 예수는 이교집단 지도자일 뿐이고, 잔 다르크는 반란군 병사일 뿐'이다. '왜 역사는 영웅만을 기억하는가?'라는 문제는 그런 의미에서 이렇게 풀어내야 한다는 것이다. 그러니까 "'영웅'을 하나의 사회 현상이지 한 시대를 보여 주는 대변자로 봐야 한다는 것이었다. 영웅을 추앙하기 위해서 기억하는 것이라기보다는 그 시대를 이해하기 위해 하나의 사회 현상이자 대변자로 해석해야 한다"라는 이야기다.

당시 가이사는 유대를 압제하는 독재자 또 당대 철권 통치자라는 상징성이 있었던 인물이다. 기원후 6년 로마 황제였던 아우구스투스는 유대와 사마리아 지방 총독 아르켈라오스를 물러나게 한다. 그러고는 코포니우스를 총독으로 세운 다음, 인두세를 걷는다. 인두라는 것은 '사람 인人' 자와 '머리 두頭' 자를 써서 사람 머리 수만큼 걷는 세금이라는 의미로, 성인이 된 모든 사람에게 한결같이 매기는 세금을 말한다. 내부에서 불만이 커지지 않을 수 없었다. 이 세금은 로마가 직접 걷었다. 유대 백성들은 세금을 내면서 '아, 내가 식민지 백성이구나'라는 점을 깨달았다. 다시 이야기해 민족 감정을 자극하는 것이다.

바리새인들이 예수를 찾아온다. 그리고 이 세금을 내야 하는지 아니면 말아야 하는지 묻는다. 간음한 여인에게 돌을 던지느냐 마느냐와 같은 난해한 문제였다. 돌을 던지라면 사랑을 가르치던 예수의 기본 입장이 의심받을 것이고, 던지지 말라면 율법을 어긴다는 구설에 휘말릴 가능성이 컸다. 이번 질문도 그랬다. 세금을 안 내라고 하면 국사범이 될 수 있고, 내라고 하면 민족 배반자로 낙인찍히기 때문이다. 게다가 민족 배반자라고 낙인찍히면 자객으로부터 암살을 당할 가능성도 컸다.

예수는 그들에게 데나리온 즉 노동자의 하루 품삯에 해당하는 로마 은전 하나를 가져오게 한다. 그 은전에는 가이사의 얼굴이 있었다. 그러더니 "이건 가이사에게 갖다 줘"라고 말한다. 이 말은 가이사의 권위를 인정한다면, 가이사 얼굴이 박힌 이 동전으로 된 세금을 내라는 뜻이다. 다시 말해 가이사를 왕으로 인정한다면 가이사가 요구하는 세금을 내라는 말이다. 이 말은 뒤집어, 가이사를 인정하지 않는다면 세금을 낼 이유가 없다는 뜻이기도 하다. 가이사에게 세금을 내고 안 내고의 문제는 그들의 판단에 맡긴다는 뜻이다.

데나리온 은화에는 '황제, 숭배할 신의 지엄한 아들Tiberius

Caesar Divi AugustiFilius Augustus'이라고 박혀 있었다. 하늘의 평화를 가져다 준다며 황제에게 신적 권위마저 부여하는 것이다. 그렇다면 예수가 이 실체를 인정했다는 말인가. 인정하지 않았다는 데 좀 더 가깝다고 본다. "가이사의 것은 가이사에게." 예수는 이 말에 한마디 더 추가한다. "하나님의 것은 하나님에게!" 가이사와 하나님을 대조한 것이다. 그런데 보수 성향 목사들은, 장기의 차포 다 떼듯 "가이사에게 갖다 줘라"는 말만 떼어 내어 예수도 가이사의 권위를 인정했다고 단정한다. 예수가 정말 가이사의 권위를 인정했는가. 예수의 뜻을 편의적으로 곡해하는 태도는, 내가 목사복 입고 '목사 따라하기'한 것보다 더 나쁜 짓이다.

나는 예수의 이 말에 극도의 조롱과 냉소가 담겨 있다고 생각한다. 예수는 로마에 굴복하고 그들의 통치를 받아들인 유대인을 비웃었다. 그러니까 본질을 잃어버리고 '가이사의 것'을 쫓는 유대인을 조롱한 것이다. 기독교인이 역사를 변혁시키지 못한다면, 변혁은커녕 불의한 현실을 더 악화시켰다면 통렬한 사과와 반성을 해야 한다.

나치 정권 당시 90퍼센트에 이르는 독일 교회는 나치의 독재와 혹세무민, 전쟁 범죄, 학살에 침묵했다. 오히려 하나님이 영적인 구원을 위해 '예수'를 보냈다면, 사회·경제적 구원을 위해서는 '히틀러'를 보냈다고 주장하기까지 했다. 단체로 이단이 됐다. 이런 참담한 상황에 목사 디트리히 본회퍼와 몇몇 지각 있는 신자들은 히틀러를 암살하려고 계획을 세웠다. 살인자라는 대대의 오명을 감수하면서까지 막장으로 치닫는 나라와 교회의 타락에 제동을 걸어야겠다고 마음먹은 것이다. 저격수가 되기 위해 총기를 든 목사 본회퍼의 모습, 상상해 봤나. 물론 결과적으로 아무런 성과를 거두지 못했다. 일제와 타협하며 신사 참배에 동조하고, 독재 권력에 아부하는 한국의 이름난 목사들은 어떤가. 신사 참배를 할 수 없다며 끝까지 버티다 수감된 주기철 목사와 옥중 신자들만 자존심을 세웠을 뿐이다.

예수는 혁명가였다

주목할 현상이 하나 있다. 예수를 시험한 주체는 헤롯당과 바리새인이다. 헤롯당은 로마의 통치를 인정하자는 쪽이다. 당연히 이들은 로마로부터 각종 특권을 인정받았다. 반면 바리새인은 어떤가. 예수의 집중적인 비판을 샀지만 로마의 식민 통치에 반대했으며, 구약의 율례를 지키기 위해 애썼던 사람들이다. 예수만 없었으면 헤롯당과 바리새인은 철천지원수 사이였다. 그런데 둘은 함께 예수를 찾아가 시비를 건다. 목적도 같았다. 예수를 올가미 씌우자는 것이다.

그들은 왜 예수를 죽이려고 했을까. 헤롯당은 정치적 기득권이, 바리새인은 종교적 기득권이 예수에게 넘어갈 것을 우려했기 때문이다. 우리 사회만 보더라도 기득권을 놓치는 것이 곧 자신의 존재의 근본을 잃어버리는 것이라고 판단하는 이들이 얼마나 많은가. 기득권 앞에서는 사생결단을 한다. 그 차원에서 누구도 뭉칠 수 있고, 누구도 대적할 수 있다. 타종교와의 인류애적 협력조차 반대하던 (그러니까 그들을 협력이 아닌 전도의 대상으로 보던) 보수적 종교인들이 사학법 개정으로 자신들의 기득권에 침해가 가해진다고 판단하니까 대번에 손잡는 모습, 지난 참여정부 때 봤다.

이러다 보니 독재 정권은 종교인들 다루기가 쉽다. 물론 기득권에 관심 없고, 종교의 본래 가르침을 지키기 위해 애쓰는 종교인들이 간혹 있긴 하다. 국민의 지지와 성원을 받는 경우도 있다. 이런 사람이라면 권력으로서는 다루기 골치 아프다. 반면 병들고 타락한 종교인들의 경우 기득권이라는 미끼면 충분히 장악할 수 있다. 독재 정권 당시 이런 부패한 종교인들이 한두 명이 아니었다.

이들은 예수가 남긴 "가이사의 것은 가이사에게"라는 말을 이렇게 해석했다. 교회가 세속의 문제에 관여해서는 안 된다는 것이다. 불의한 독재자라도 그가 기독교인이라면 통치를 인정해야 한다는 말이다. 교회의 영역과 정치의 영역은 구별되므로 교회는 정치에 개입해서는 안 된다고 주장하기도 한다. 나아가 〈로마서〉 13장 1절까지 끌어들이며 모든 권력이 하나님에게서 나온 것이라는 말을 정설로 굳힌다.

　인간 사회는 모든 것이 불완전하다. 사회의 불완전성을 인식하고 이 같은 구조를 극복해서 하나님 나라의 모형을 완성하려는 노력을 하는 것이 가치 있는 일이다. 수구 기득권 세력과 손잡는 것은 말할 것도 없고, 이런 원리를 무시하고 이 자리에 안주하는 것만으로도 병들고 부패하는 것이다. 예수가 왜 총체적 저항자였는가 하는 점은 이런 맥락에서 해석이 가능하다. 그는 예루살렘 제사장의 귀족 정치뿐만 아니라 로마 제국의 통치에 대항했다.

　그의 사역은 예루살렘이 아닌 갈릴리에서 시작됐다. 가난하고 병들고 못 배운 자를 모아서 그들에게 하나님 나라의 복음을 선포했다. 로마 제국의 온전성과 완결성이 강조되는 마당에 오히려 새로운 나라의 건설을 언명했던 것이다. 예루살렘에 들어가서는 어떻게 행동했나. 들어가자마자 성전을 뒤엎었다. 상인들에게만 뭐라고 한 게 아니다. 그들과 결탁한 종교 지도자들에게도 보란 듯이 다그쳤다. 예수는 기득권 세력이 두려워하는 혁명가였다.

　기득권 세력은 아래로부터의 혁명을 두려워한다. 그래서 약자 계층에서 지지를 받는 이들이 치솟는 순간 '거짓 선지자'라느니 '혹세무민한다'느니 하는 말로 매도하며, 그의 발언이 번지는 것을 막고자 애쓴다. 당시 기득권 세력이 예수를 죽인 이유도 같은 맥락이다. 예수가 말하는 하나님 나라를 이 땅에서 펼치려는 것이 아닌지, 그러니까 혁명을 일으켜서 스스로 유대인의 왕이 될까봐 염려했던 것이다. 그의 사역은 정치·종교권력에 대한 일종의 도발이었다. 때문에 기득권 세력의 입장에서는 싹을 자르지 않고서는 도저히 안 되겠다고 판단했던 것이다. 세례 요한이 살해당한 것도 이와 다르지 않다.

가이사는 하늘을 나는 새도 떨어뜨렸을 만큼 위세가 대단했지만 정작 예수는 그런 가이사에게 관심도 없었을 것이다. 일제와 미국 그리고 이승만·박정희·전두환·노태우·김영삼·이명박·박근혜에 달라붙어 그들을 축복하고, 정권적 위기 때에는 그들과 한편이 되어 두둔하는 이들을 예수는 비웃었을 것이 분명하다.

십자가 없이 면류관 없다

예수의 사역은 저항이라는 대의 속에 종료된다. 이제 그를 기다리는 것은 고난과 죽음이다. 의로운 일에는 대가가 있기 마련이다. 그 대가가 두려워서 우리는 의로운 일을 하려다가도 마는 것이다. 이명박 정부 초기 '미국산 소고기'로 불거진 한·미 FTA에 대해 반대하는 시민들의 저항이 거리에서 표출됐다. 참석했던 이들 절대 다수는 '이런 거 한다고 불이익이 있지는 않겠지'라고 생각했을 것이다. 김대중·노무현 정부 때의 경험 때문이다. 당시는 언론의 권력 비판과 시민들의 저항권 행사가 상대적으로 용인되던 시절이었다.

그러나 어마어마한 불이익을 당했다. 우선 권력과 결탁한 언론들이 '이런 무법·무질서 폭도들을 가만 둬야 하는가' 하며 군불을 피운다. 그러면 권력이 나서서 각종 법리를 들어 그들을 법정의 피고석에 앉힌다. 발언권도 박탈하는가 하면 심지어 밥줄도 끊는다. 소기의 목적은 이처럼 달성된다. 니콜로 마키아벨리가 한 말을 강준만 교수가 인용했는데 흥미롭다. "가벼운 모욕에는 복수할 마음이 생긴다. 그러나 큰 위해와 탄압이 가해지면 복수할 마음이 사라진다. 설사 복수를 꿈꾼다 해도 그런 시도마저 비참한 패배로 종결됐을 때에는 마지막 위안처는 냉소주의가 될 수밖에 없다." 우리의 상태가 그렇지 않은가. '촛불 진압' 이후 대형 군중집회는 사라졌다. 권력에 대한 비판도 사라졌다. 당장 텔레비전에서부터 말이다. 여기에 항거하는 언론·문화 예술인들은 장악된 미디어에서 철저하게 배제된다. 공포는 이렇게 내면화되는 것이다. 이런 상황이 오래 가면 냉소는 상식이 되고 질서가 된다.

권력자는 이렇게 장악한 권력을 동원해 반대자를 억압한다. 여기에 기죽어 지내기 싫다면, 창피해서 못살겠다 싶으면, 불이익을 감수하고 싸우는 수밖에 없다. 이게 대가다. 예수가 감내한 행동의 대가는 전무후무한 가장 비참한 죽음, 십자가형이었다. 그러나 감수했다. 예수는 사형을 당한 게 아니라, 죽음과 맞섰던 것이다. 재론하지만 뭐든지 옳은 일에는 대가가 따른다. 거저 되는 게 없다. "십자가 없이 면류관 없다No cross No crown." 많이 들어 본 말이다. 기회주의가 성공하고, 부정과 비리가 득세하는 불의한 시대에 우리는 '정의와 상식'의 깃발을 들어야 한다.

한때 예수를 믿는 것에도 큰 용기가 필요했다. 《세상을 욕망하는 경건한 신자들》이라는 책을 낸 백소영 이화인문과학원 교수가 한 말이 눈길을 끌었다. "영국에서 뉴잉글랜드로 이주·정착한 1세대 청교도 목회자들은 경건이 성공을 보장한다거나 빈곤이 심판이라고 보지 않았다. 그러나 정착에 실패한 일부 청교도인들과 하층민들로 인해 사회적 문제가 발생하자 2세대 목회자들은 가난을 죄의 빈곤으로 연결시켰다. 나아가 3세대 목회자들은 가난한 자들을 종교적인 잣대로 비난하기에 이른다. 청교도적인 색채가 강한 개신교 신앙은 한반도에 유입된 이후 '자본주의', '자유민주주의'와 견고히 결합했다." 예수를 믿으면 물질의 축복도 얻을 수 있다는 순복음교회의 신앙이 대표적이다. 예수를 믿으면 손해를 봐도 정의롭다는 원리가 예수를 믿으면 세속의 이득을 취하게 된다는 주장으로 변질된 것이다. 우리는 정녕 덕 보려고 예수를 믿는가.

한국 교회는 예수를 믿으면 덕 볼 수 있다는 주장과 함께 사회 구조적인 문제를 인간의 죄성 탓으로 돌린다. 사회 구조적 문제가 모두 인간의 죄성 탓이라는 단언은 너무나 위험하다. 노동자들이 절망해서 스스로 목숨을 끊는 현실을 두고, 자기 목숨을 함부로 여기는 인간의 죄 탓으로 돌리거나 몇몇 못된 기업주의 죄 탓으로 돌리는 게 온당한가. 사회 구조적 모순에 눈 감는 기독교인은 '맛 잃은 소금'이라 단언할 수 있다.

예수는 정의를 위해 싸웠고, 그 대가의 냉혹함에 결코 기죽지 않았다. 냉소주의의 틀로 숨어들지 않았다. 예상했던 대로 세상은 총체적으로 퇴보하고 있다. 침묵하고 타협해야 하는가. 행동을 하려면 값을 치러야 한다. 치러야 하기에 그리스도를 따르는 것이고, 그리스도를 따라야 신앙이다.

로마서 13장,
어떻게 읽어야 할 것인가

권력과 순종, 종교의 탈정치화

"누구나 자기를 지배하는 권위에 복종해야 합니다."
이 말은 예수가 아닌 바울이 한 것이다. 바울은 신약 성경 27권 가운데 절반에 가까운 열세 권을 썼고, 지중해 일대를 누비며 로마 제국 곳곳에 복음을 전파한 인물로 기독교에서는 교리를 완성한 인물로 정평이 나 있다. 그러나 예수와 바울은 서로 일면식이 없는 사이다. 예수가 바울에게 "내가 너를 사람 낚는 어부가 되게 하겠다"라고 한 적도, 바울 또한 예수 면전에서 "주는 그리스도이며 살아계신 하나님의 아들입니다"라고 한 적도 없다. 게다가 바울은 기독교를 탄압한 전력이 있었다. 다메섹으로 가는 길에서 하나님을 만나고 그분을 믿게 된 이후에는 어땠을까. 베드로같이 예수를 직접 만나 따르던 '정통 수제자'로부터 견제 받았다.

바울은 누구인가. 또 일생을 권세와 재물 가진 자와 싸웠던 예수와 그는 무슨 상관인가. 〈로마서〉 13장을 보면 혼란스럽다. 이 로마서 13장이 끼친 '해악'은 이루 말할 수 없다. 미야타 미쓰오가 쓴 《국가와 종교》를 보면 왕권신수설의 이론적 배경도, 나치 정권의 전쟁 참여 독려 논리도 이 '말씀'에 있었다고 말한다.

'재야 성직자'로 통하는 이현주 목사도 "저자 바울이 단 한마디 예외 사항을 달아 줬으면, 그러니까 부당한 권력에 대해 저항하는 것은 온당하다고 첨언했다면 얼마나 좋았을까"라고 저서 《이 아무개 목사의 로마서 읽기》에서 비슷한 아쉬움을 표했다.

김두식 경북대학교 교수는 "매일같이 대자보를 통해 안기부, 보안사, 경찰 대공분실, 부천 경찰서 등의 끔찍한 인권 유린 사례를 접하던 저의 대학 시절, 목사님들은 언제 어디서나 〈로마서〉 13장이라는 칼과 방패를 들고 나와 청년 학생들의 입을 가로막았습니다"라고 언급했다.

어디 그뿐인가. 죽을 때까지 대통령을 하려던 박정희의 음모가 유신으로 완성되고 나서 얼마 후, 1974년 기독실업인회 자리에서 권력의 2인자였던 김종필이 한 말이다. "〈로마서〉 13장에는 권세는 다 하나님이 정하신 바라고 했다. 하나님으로부터 권위가 비롯되는 정부에 대해 미워하거나 두려워하는 이가 있다면 곧 악을 행하는 자일 것입니다." 개신교계 일각에서 불거진 유신반대운동에 일침을 가하려던 것이다.

청빈한 목회자이자 지금도 망자 중에서 가장 영향력 있는 목회자 중 한 명인 한경직 목사는 1939년 자기 교회에서 있었던 조선예수교장로회 제28차 총회에서 일제 침략 전쟁을 후원하기 위한 조직, 국민정신총동원 조선예수교장로회연맹 결성식에 나와서 성경 봉독을 했다. 〈로마서〉로 말이다. (훗날 그는 이런 과거를 사과했다. 하지만 독재 정권하에서의 부적절한 행적에 대해서는 끝까지 입을 닫았다.) 이렇게 일제 강점하 교회에서 이 성서는 신사 참배의 구실로 삼기에 충분했다.

〈로마서〉 13장의 오용은 최근까지 이어진다. 2011년 2월 재스민혁명 당시, 미국의 대표적인 보수적 설교자 존 맥아더 그레이스커뮤니티교회 목사가 "반정부 시위는 하나님이 정하신 모든 권력에 복종하라는 성경의 명령을 위반하는 것이다"라고 했다. 그러면서 "신약 시대의 로마 황제 가이사를 포함한 어떤 정부 체제하에서도 믿는 자들은 하나님이 정하신 권력에 순종해야 한다"라고 주장했다.

〈로마서〉 13장에 따르면 권력에 순종하고, 권력이 횡포를 보여도 그저 참아야 하는 것처럼 보인다. 혹자는 그래서 바울이 심각한 정신적 혼동 상태에서 쓴 게 아닌가, 그러니 이런 비이성적이고 비논리적인 발언을 하는 것이 아니냐고 혹평하기도 한다. 혹시 바울이 종말적 신앙에 빠져 있던 것이 아닌가 하는 시선도 있었다. 언제 어떻게 될지 모르니 저항과 혁명을 피하려고 한 게 아니냐는 것이다.

사실 종말론은 눈앞의 불의한 상황을 잊게 만든다. 19세기 후반 미국에서는 성서도 사실인지 아닌지 비평하자는 이른바 고등 비평이 불처럼 일었다. 그러자 여기에 항거해서 성서는 성서일 뿐 검증하지 말자는 목소리가 나왔다. 이들은 바로 근본주의 신앙자였다. 그러나 논리와 비논리의 싸움은 논리의 승리로 끝나기 마련이다. 그래서 이들은 신자들이 실망할까 봐 종말론을 잔뜩 부추긴다. '예수가 곧 재림하신다, 다른 생각 말아라, 그리고 지구 멸망의 날이 오기 전에 온 세상에 주의 복음을 전파하자'며 선교사를 파견한다. 그래서 조선 땅에 떼로 몰려든 미국 선교사가 터를 잡고 교회를 세우고 신학 공부를 시켰다. 그래서 이 나라의 기독교 신앙은 매우 보수적이게 된 것이다.

다시 말하지만 종말적 신앙이 강해지면 세상일에 대해 비판적 관심을 기울이지 않는다. 사람이 수세적으로 바뀌는 것이다. 내가 당장 어떻게 될지 알 수 없는 상황에서 남들까지 걱정하기는 힘들다. 저절로 탈정치화가 되는 거다. 그래서 해방 이후에 보수 정치 세력과 주류 개신교 목사들은 끊임없이 '자칫 공산당에 장악당한다'는 논리로 대중의 지성과 논리를 무력화시킨 게 아닌가. 이런 토양 위에서는 무조건 순종하고 무조건 지지하라는, 그래서 종교적 엑스터시 현상이라고 비판받는 부흥회가 넘쳐나는 것이다. 바울도 혹시 그랬던 것일까.

〈로마서〉 13장, 어떻게 해석할 것인가

그렇다면 이 혼란스런 〈로마서〉 13장을 어떻게 정립해야 타당할까. 김세윤 미국 풀러신학대학교 신약학 교수의 견해부터 짚어 보자. 그가 〈복음과상황〉 인터뷰에서 밝힌 말은 이렇다. "바울이 편지를 쓰던 시기에 로마에 복속된 유대 민족은 군대로 징집되고 정치적 압제와 경제적 수탈과 종교적 우상숭배를 강요당하는 등 참을 수 없는 상황에 처해 있었어요. 그래서 기원후 66년에 그것이 제1차 유대 전쟁으로 폭발하는데 바울은 그보다 15년 전에 편지를 쓰고 있어요."

제3시대그리스도연구소 연구실장 김진호 목사의 저서 《리부팅 바울》에 좀 더 구체적인 내용이 있다. 미국 성서 연구자 닐 엘리엇의 주장을 재해석했는데 이런 것이다. 바울이 〈로마서〉 13장을 들려 주려던 대상이 따로 있었으니, 바로 이스라엘에서 건너온 이민자, 즉 헬라파 그리스도인이라는 것이다. 이 사람들은 클라우디우스 황제 때 소요를 일으켰다. 그래서 로마 귀족들은 이들을 싫어했다. 굴러온 돌이 설치는 꼴을 보다 못한 박힌 돌, 즉 로마의 귀족들은 이들을 탄압했다. 그런데 귀족들이 설칠수록 왕권에 위협이 된다고 판단한 당시 황제 네로는 이스라엘 이민자들을 감싸고돌았다. 로마 사회에서 유일하게 이스라엘 이민자들의 생명을 부지하게 해 준 네로가 어쩌면 바울 눈에는 하나님이 보낸 권력으로 보일 수 있다는 것이다. 이래저래 하자가 많다.

하자의 극치는 바울 스스로 이 말씀을 위배했다는 점이다. "누구나 자기를 지배하는 권위에 복종해야 한다"라는 원칙은 바울부터 어겼다는 것이다. 바울은 황제의 노여움을 사서 감옥에 갇혔고 끝내 사형당했다. 말 잘 듣는 사람이 왜 노여움을 사며 사형을 당하겠는가.

〈로마서〉 13장에 대한 온당한 해석이 절실한 시점이다. 요컨대 〈로마서〉 13장에서 말한 권위는 하나님의 신임을 받은 권력을 말한다. 미야타 미쓰오는 여기서 거론된 '권위'가 신의 임명을 전제하는 것이며, 신과 무관한 세속 권력 지배자의 신격화라는 이데올로기에 말려들지 않으려는 바울의 주도면밀한 자세와 연관돼 있다고 부연한다. 또한 '복종'을 강조한 부분도 절대적 굴종이나 무비판적 예속을 권한 것이 아님을 전제하며, '권력이 두려워서'가 아니라 '양심에 기초한' 자발적인 순종을 요구하는 것 같다고 설명했다.

독재 정권을 돌아보면서 '과연 그 독재자도 하나님이 만든, 그래서 순종해야 할 모든 권력 중 하나인지', '그렇다면 하나님은 왜 이 시대에 독재 정권을 만들었는지' 하는 고민이 생겼다.

우선 국가의 존재가 무엇인지 생각해 볼 필요가 있다. 토마스 홉스는 국가를 합법적인 폭력을 행사하는 주체라고 봤다. 토마스 홉스는 전제 군주제가 가장 이상적인 국가라고 생각했다. 니콜로 마키아벨리는 "군주는 언제나 강력한 군대를 보유해야 하며 덕을 갖출 필요는 없지만 반드시 덕을 갖춘 것처럼 보여야 한다"라는 통치 이론을 정립한 바 있다. 반면 존 로크는 국가의 권력은 국민의 평화와 안전, 공공의 복지 이외의 다른 목적을 위해 사용돼서는 안 된다는 입장이었다. 애덤 스미스는 국가의 의무는 공공재를 공급하는 것뿐이라고 주장했다. 장 자크 루소는 국가가 개인의 자유를 빼앗을 경우 사회 계약을 파기할 수 있다고 했다. 이상적인 이야기인데, 이상일 뿐이다.

이 내용을 소개한 유시민의 《국가란 무엇인가》에는 이런 내용도 있다. "대중이 부르주아 정치 집단 사이의 권력 투쟁에 휩쓸려 들어가고 '근본적' 변화를 추구하는 혁명적 정치 세력을 지지하지 않는 것은 교육과 언론·미디어를 모두 장악한 지배 계급이 대중의 계급적 각성을 방해하기 때문이다. (중략) 유한 계급은 부유하기 때문에 혁신을 거부한다. 그런데 가난한 사람들은 너무나 가난해서 보수적이다. 혁신을 생각할 여유가 없는 것이다. 기존의 사유 습성을 바꾸는 것은 유쾌하지 못한 일이며 상당한 정신적 노력을 요구한다."

그렇다면 하나님의 신임을 얻은, 의로운 권력은 무엇인가. 아니, 그런 것이 이 땅에 존재한다는 것인가. 나는 그것이 민주주의이며, 민주주의에서 파생된 헌법이라고 본다. 당장 우리나라의 헌법만 보더라도 광주민주화운동과 6월항쟁의 소산이라는 점에서 역사적 정통성도 갖는다. 그런 의미에서 "그러므로 권위를 거역하면 하나님께서 세워주신 것을 거스르는 자가 되고 거스르는 사람들은 심판을 받게 됩니다"라는 〈로마서〉 13장

2절에서 말하는 '권위에 대한 거역'은 독재다. 이런 독재는 맞서야 하고, 독재자는 민주주의와 법 앞에 무릎을 꿇어야 한다. 더는 〈로마서〉 13장이 오용되지 않기를 바란다.

필요하면 평화를 사라

마가복음 14:43~50

43 예수의 말씀이 채 끝나기도 전에 열두 제자의 하나인 유다가 나타났다. 그와 함께 대사제들과 율법학자들과 원로들이 보낸 무리가 칼과 몽둥이를 들고 떼 지어 왔다. 44 그런데 배반자는 그들과 미리 암호를 짜고 "내가 입 맞추는 사람이 바로 그 사람이니 붙잡아서 놓치지 말고 끌고 가라" 하고 일러두었던 것이다. 45 그가 예수께 다가 와서 "선생님!" 하고 인사하면서 입을 맞추자 46 무리가 달려들어 예수를 붙잡았다. 47 그때 예수와 함께 서 있던 사람 하나가 칼을 빼어 대사제의 종의 귀를 쳐서 잘라 버렸다. 48 그것을 보시고 예수께서는 무리들에게 이렇게 말씀하셨다. "칼과 몽둥이를 들고 잡으러 왔으니 내가 강도란 말이냐? 49 너희는 내가 전에 날마다 성전에서 같이 있으면서 가르칠 때에는 나를 잡지 않았다. 그러나 오늘 이렇게 된 것은 성서의 말씀이 이루어지기 위한 것이다." 50 그때에 제자들은 예수를 버리고 모두 달아났다.

어떤 평화도 전쟁보다 낫다

인문학자 데시데리위스 에라스뮈스는 네덜란드 출신의 가톨릭 신부였다. 그가 활동할 당시는 툭 하면 개신교와 가톨릭이 싸움이 붙던 때였다. 그가 남긴 유명한 말이 있다. "가장 불리한 평화가 가장 정의로운 전쟁보다 더 낫다." 사실 저열하고 비겁하더라도 평화가 전쟁보다 낫다. 전쟁하는 데 드는 비용과 전쟁으로 인한 파괴는 평화 유지비의 열 배가 넘는다는 주장을 에라스뮈스는 덧붙인다. 이런 말도 했다고 한다. "필요하면 평화를 사라If necessary, buy peace."

2013년 봄은 그야말로 춘래불사춘春來不似春이었다. 〈경향신문〉 김경학 기자의 기사를 보면 492억 2,000만 달러 즉, 약 56조 원이 언급된다. 북한이 한국과 미국의 키 리졸브 훈련이 시작되면 정전 협정을 백지화하겠다는 등 핵을 언급하며 위협하기 시작한 3월 6일부터 4월 9일까지 한국 유가 증권 시장에서 증발한 시가 총액이다. 엔화 약세나 유럽 악재의 여파가 없지 않았겠지만, 핵심은 이 상황이 '한반도 리스크'임을 아무도 부정하지 않았다는 것이다. 2013년 초 청와대가 발표한 '이명박 정부 국정 성과'를 근거로 보면, 김대중·노무현 정부가 10년간 햇볕·포용 정책에 쓴 대북 지원 금액은 이 한 달 새 증시에서 사라진 금액의 7분의 1이라고 한다. 전쟁 없는 평화의 세상을 위해 쓴 돈의 일곱 배를 순식간에 소진한 셈이다.

전쟁으로 우리가 얻을 수 있는 건 없다. 그러나 임마누엘 칸트가 "자연 상태는 전쟁 상태"라고 말했듯이 전쟁은 수시로 일어난다. 역사학자 전우용 교수는 이런 말을 했다. "6·25전쟁 '때문에' 일본은 패전 후 폐허 상태에서 신속히 경제를 재건할 수 있었습니다. 베트남 전쟁 '때문에' 한국은 제2차 경제개발계획의 목표를 초과 달성할 수 있었습니다." 전쟁은 누군가의 이익이라는 설명이다. 결국 평화를 지킬 유일한 버팀목은 자기 자신이다. 갈수록 외국 자본의 한국 이탈이 가속화되자 당시 박근혜 대통령이 북한과 대화할 뜻을 내비쳤다. 박근혜 대통령이 평화에 대한 철학과 이념이 투철해서가 아니라고 생각한다. 전쟁이 나서 나라가 폐허가 되면 통치 근간이 사라진다는 위기감 때문일 것이다. 그러자 이른바 보수 우파를 사처하는 사람들이 나서서 박근혜 대통령에 대해 옮기기 힘들 만큼의 욕설을 퍼부었다.

현대전에서 이긴다는 게 뭔가. 상대를 굴복시키는 것인가. 베트남전쟁 때 미국 본토에 폭탄 하나 떨어지지 않았다. 하지만 미국은 졌다. 이른바 대테러 전쟁으로 아프가니스탄 정권과 후세인의 이라크 정권을 주저앉혔지만 결과에 대한 평가는 '상처뿐인 영광'이다. 서울 중심가에 경량급 미사일 하나 떨어진다고 생각해 보자. 이것만으로도 온 나라는 트라우마를 겪을 것이다. 결국 끝까지 북한을 응징하면 정권을 무너뜨리고 이른바 '승전'

이라는 것을 할 수는 있다. 하지만 전쟁의 상대가 입은 피해에는 둔감해도 우리의 피해에는 민감하다. 따라서 '승전'을 하더라도 뒷감당은 불가능하다.

1951년 4월 11일, 한국전쟁이 한창 진행 중이던 그때 해리 트루먼 미국 대통령이 유엔군 사령관 더글러스 맥아더 원수를 해임했다. "전쟁 중에는 장수를 바꾸지 않는다"는 말은 격언 정도가 아니라 전쟁의 상식이자 공식이었다. 그런데 군 통수권자인 대통령과 전장의 최고 사령관의 의견 충돌이 얼마나 도를 넘었으면 '전선 사령관'의 교체로 나타났겠나 하는 것이다. 둘의 갈등은 만주 폭격에서 불거졌다. 중국의 영토가 돼 버린 만주에 1차로 스물여섯 발의 원자 폭탄을 쏘자는 것이었다. 1차라고 했다. 경우에 따라서는 2차, 3차도 가능하다는 시사였다.

역사학자 한홍구 교수는 "맥아더가 이렇게 강력한 주장을 한 것은 전쟁 수행 과정에서의 자신의 판단 착오를 감추기 위해서였다"라고 풀이한다. 끊임없는 정보 보고에도 불구하고 이북군의 공격 가능성을 무시했으며, 중국군의 개입 가능성을 묵살하고 38도선 이북으로의 북진을 단행하다가 끝내 중국군이 개입하고 크게 밀리기 시작한 것이다.

만약 진짜 중국에다가 원자 폭탄을 놓았다면 어떻게 됐을까. 중국이 '잘못했습니다'라며 무릎을 꿇었을까. 아마 미군이 진주한 남한 땅에 몇 배에 달하는 핵 공격으로 보복했을 가능성이 더 크다. 450만 명이라는 기록적인 사상자 수를 낸 인명 피해 규모는 기하급수적으로 늘었을 것이고, 우리나라 역시 회복 불능의 상태로 치달았을 것이다. 평화가 최선이다. 무조건 평화가 최선이다.

칼을 쓰는 사람은 칼로 망하는 법이다

〈마가복음〉 14장을 편다. 예수의 파격적 메시지와 행보에 심각한 위기감을 느낀 종교권력자들은 급기야 예수를 제거하기로 마음먹었다. 행여 소요가 있을까 봐 낮이 아닌 밤을 택했다. 그러나 조명이 없는데다, 예수의 생김새를 아는 이들이 극히 제한된 상황에서 체포는 무리였다. 그래서 매수된 제자, 가룟 유다가 투입된다.

가톨릭 신부인 서강대학교 송봉모 교수는 이렇게 말했다. "다른 어느 종교의 창시자도 예수처럼 그렇게 빨리 창시자의 가르침이나 전기를 가진 적은 없다. 조로아스터교는 기원전 1,000년경에 생겨났지만, 그것에 대한 경전이 나온 것은 기원후 3세기이다. 무려 1,300년 지나서다. 부처는 기원전 6세기 인물이지만, 부처의 전기는 기원후 1세기 말에 나왔다. 무려 700년이 지나서다. 모하메트는 기원후 570년에서 632년까지 살았지만 그의 전기는 100년이 지난 767년에 나왔다. 그런데 예수의 경우 그의 말씀과 행적을 전하는 복음서가 불과 35년 뒤부터 나오기 시작했다." 종이나 컴퓨터가 전혀 없던 시절, 예수의 생애를 다룬 복음서가 당대에 적혔다. 따라서 사실에 기반을 두었을 확률이 대단히 높다.

그런데 예수의 체포를 다룬 내용은, 그의 생애로부터 가장 가까운 시기에 저작된 〈마가복음〉과 〈마태복음〉·〈누가복음〉·〈요한복음〉의 진술이 조금씩 다르다. 첨삭됐거나 사실이 다르다는 것이다. 〈요한복음〉을 보면 예수를 잡으러 대제사장 무리가 왔을 때에, 그는 숨지 않고 당당하게 "내가 바로 그 예수다"라며 스스로 체포당했다고 나와 있다. 스스로 운명임을 알고 적극적으로 대처했다는 이야기다. 〈마가복음〉과 〈마태복음〉에는 가롯 유다가 예수에게 입맞춤을 해서 같이 온 군인으로 하여금 예수를 식별하게 했다고 나오고, 〈누가복음〉에도 입맞춤을 시도하려 했다고 나오지만 맥락이 많이 다르다.

한편 〈요한복음〉에는 대제사장의 종의 귀를 자르는 이를 베드로로 특정한다. 〈누가복음〉에는 잘린 귀를 다시 붙여 치유했다는 이야기가 나온다. 〈마태복음〉에는 "칼을 도로 칼집에 꽂아라. 칼을 쓰는 사람은 칼로 망하는 법이다"라는 예수의 유명한 언급이 소개된다. 네 복음서가 모두 언급한 이 사화는 다른 듯 보이지만 사실 한 맥락 아래에 있다. 사실 평화와 관련한 예수의 언급은 복음서는 물론, 신약 성서를 통틀어 〈마태복음〉에 있다. 자기를 붙잡으러 온 로마 군인의 귀를 칼로 벤 제자 베드로를 질책한 부분이다.

구약 성서에서 하나님이 "전쟁 도구를 농기구로 바꾸라"라고 했고, 신약 성서에서 예수가 "칼을 들지 말라"라고 했음에도, 인류는 그로부터 지금까지 큰 전쟁만 86번 치렀다. 86번이 아무 것도 아닌 것 같으나 '백년전쟁'과 같이 길게는 그 기간이 100년이 넘는, 역사에 남을 대전을 합한 횟수다. 인류는 그 86번의 전란으로 풍비박산이 나곤 했다.

기독교는 과연 전쟁을 막기 위해 얼마나 노력했을까. 평화의 조정자로서 기독교가 얼마나 그 존재감을 나타냈을까. 부끄럽게도 기독교인은 전쟁을 막기는커녕 도리어 유발시킨 장본인들이었다. 2001년 9·11테러가 기억난다. 테러를 당한 조지 부시 행정부는 이튿날 국무 회의를 열었다. 그 자리에서 어떤 일이 벌어졌을까. 끊이지 않는 담배 연기 속에 분노와 자조, 질책의 목소리들로 뒤범벅이 됐을 것 같다. 그러나 그곳에서는 찬송가 〈나 같은 죄인 살리신〉이 울려 퍼졌다. 부시 대통령을 비롯한 각료들이 함께 이 노래를 불렀다. 분위기만 보면 찬양 집회 그 자체였을 것 같다. (공지의 사실이나 부시는 재임 시절 아침마다 종교가 같은 장관들과 함께 성경 공부를 하는 독실한 신자다.) 그리고 그 자리에서 아프가니스탄과 이라크를 침략하는 전쟁을 논의했다. 그 전쟁으로 사망한 사람만 최소 22만 5천 명이라고 한다. 이 정도면 강릉시 인구와 비슷하다.

정의로운 전쟁은 없다

　　　　　　예수는 남을 해치지 않았다. 그 자신이 죽음에 처하는 상황에서도 말이다. 예수는 이스라엘 특히 갈릴리 민중을 부추겨 전쟁을 일으킬 수 있었다. 예수에게는 뚜렷한 적敵이 있었다. 게다가 그 적은 자신의 목숨을 노렸다. 분위기도 조성돼 있었다. 자존심 강한 유대 민족을 상대로 식민 정치를 펼치려던 로마에 대한 적개심이 무르익었던 때였다. 새로 올 구세주는 정치적 메시아이길 원했다. 게다가 실제로 그렇건 그렇지 않건 간에 이적을 베풀 능력이 있다는 인상만으로 예수는 어마어마한 카리스마를 지녔다. 정치적 야망이 있었다면 그에게 무력 혁명은 단추 하나만 누르면 되듯, 선택만 하면 될 일이었다. 그의 제자들도 예수가 그런 소용돌이의 중심이기를 원했다. 하지만 예수는 무력한 죽음을 택했다. 그야말로 평화주의의 확고한 신념을 갖고 있었다고 해도 과언이 아니다.

　　　　　　그러나 예수의 제자를 자처하는 이들은 도대체 예수로부터 무엇을 배웠는지 평화를 해치는 길목에 나타나 여지없이 파수꾼 역할을 한다. 코란을 불태우고, 부처상에 소변을 보는 등 마치 화평케 사는 것이 신앙에 대한 배반이자 반역이나 되는 것처럼 행동하고 있다. 누가 그렇게 가르쳤을까. 이 역시 근본주의 신앙이 뿌리라고 본다. 이런 작은 사건으로 종교 전쟁은 시작된다. 종교는 유증기가 가득한 방과 같다. 여기서는 작은 불도 큰 불이 된다. 김형태 변호사는 "유사 이래 돈을 둘러싼 싸움보다 종교 전쟁이 훨씬 더 잔인했고 결론이 나질 않았다"라고 했다. 물질이나 영토는 나누면 된다. 그러나 신념은 양보하기 힘들다.

재세례파라는 기독교 종파가 있다. 이들은 400년 전 종교 개혁 때부터 당시 부패했던 가톨릭과 교황을 비판했지만 새로운 교황이 되고 싶어 했던 개신교도 따르지 않고 그리스도의 초기 교회를 회복하기 위해 주로 공동체 생활을 했다. 당연히 아우구스티누스의 '정의로운 전쟁은 괜찮다'는 논리에 동의하지 않았다. 그렇게 재세례파는 세례의 형태와 양식보다는 극단적 평화주의 단체로 보다 더 알려져 있다.

재세례파의 평화 정신을 이론화한 인물이 있었으니, 16세기 미카엘 자틀러다. 그는 평화를 강조하고 또 강조하던 중에 이런 말을 했다. "현재 우리를 위협하는 투르크족이 만약 우리 땅을 침범한다 하더라도 결코 대항해서는 안 됩니다. 만약 전쟁에 나서는 것이 옳다고 한다면, 나는 투르크족 대신 오히려 기독교인들에게 대항하는 전쟁에 나서겠습니다." 이 발언은 '육신의 투르크와 전쟁해야 한다면 그것은 기독교가 아니라 영적 투르크일 뿐이다. 따라서 전쟁하지 말아야 한다'는 이야기다. 당시 교회 주류 세력은 이 말을 빌미 삼아 그를 투르크 편이라고 단정하고는 혀를 뽑고, 온몸을 일곱 조각내어 화형시켰다. 아내 역시 몸이 묶인 채 물에 던져졌다. 이 여파로 다른 재세례파 초기

지도자들 역시 산 채로 수장됐다. 가톨릭과 개신교는 경쟁적으로 이들을 살육했다. 그러나 그들은 사라지지 않았다.

한편에서는 평화에 앞서 안보가 전제돼야 한다는 지적도 있다. 이를테면 '평화를 원한다면 전쟁을 대비하라'는 주장이다. 총 쏘는 연습을 많이 하고 작전 수행에 익숙하도록 훈련을 해서 군사력을 증진시켜야 감히 남이 넘보지 못할 테고 그렇게 함으로써 평화를 지킬 수 있다는 말이다. 산정현교회 김관선 목사는 이렇게 말한다. "우리가 전쟁 연습을 열심히 하는 것 때문에 적군도 전쟁 준비를 하게 되고, 그것 때문에 우리는 다시 더 열심히 대응을 하는 악순환이 생길 수 있다는 것입니다. 우리가 전력 증강을 위해 돈을 더 많이 쓰면 적들도 마찬가지기 때문입니다. 우리의 전쟁 준비가 적들을 자극하고 그것이 또 우리에게 악영향을 미쳐 평화보다는 전쟁 가능성을 높이는 경향이 있습니다." 그러면서 이런 예를 들었다. "미국 펜실베이니아대학교 찰스 브라너스 교수의 연구 결과에 따르면 총기를 소지하고 다니는 사람은 그렇지 않은 사람에 비해 총에 맞아 죽을 가능성이 4.5배가 높습니다. 총이 아닌 다른 방법으로 살해될 가능성도 4.2배라고 합니다."

미국 정치학자인 더글러스 러미스도 이런 말을 했다. "전쟁이 지옥보다 더 나쁠 수 있는 길이 적어도 두 가지 있다. 우선, 전쟁은 지옥이 건드리지 않는 무고한 사람들을 희생시킨다. 전쟁은 비전투원을 죽이거나 불구로 만든다. 전투복을 입은 군인들이 꼭 죄 지은 사람이라는 법도 없다. 그들은 그저 보통 사람들일 뿐이다. (중략) 둘째, 형언할 수 없는 전쟁의 고통을 받는 사람들뿐만 아니라 고통을 주는 사람들도 악마가 아니라 평범한 인간일 뿐이라는 점이다. 전쟁이 합리적으로 기대되는 정의의 최고 수준에 도달한다 할지라도 어떻게 해서 전쟁이 이 평범한 사람들을 지옥의 악마처럼 행동하게 만드는지 그 본질적 수수께끼는 여전히 남는다." 전쟁은 당하는 자, 가하는 자 모두를 불행하게 만든다. 가장 정당하게 악마가 되는 법, 가장 정당하게 살인할 수 있는 특권, 바로 전쟁이 부여한다.

정의로운 전쟁은 있는가. 이 말의 연원을 따져보기 위해 김두식 경북대학교 교수의 《칼을 쳐서 보습을》이라는 책을 편다. 다음 내용은 이 책의 핵심을 추린 것이다.

기독교 역사를 돌아보며 어디서부터 하나님의 평화 명령이 어그러지고, 전쟁의 광기가 지배하게 됐는지 곰곰이 짚어 봤다. 처음에는 반듯했다. (지금으로 말하자면 가톨릭 교회의 주교 같은 존재인) 교부들은 예수의 부활 승천 이후, 그 평화의 가르침을 지켰다. 교부 테르툴리아누스는 이런 명언을 남겼다. "어떻게 기독교인들이 전쟁을 일으킬 수 있습니까? 그럴 수 없습니다. 비록 평화적인 때라고 하더라도, 우리 주님께서 우리에게서 이미 칼을 빼앗으신 이상 어떻게 기독교인이 칼 없이 군인이 될 수 있겠습니까?" 또 북아프리카의 막시밀라아누스의 경우 병역을 거부했다가 순교를 당했다. 지금이야 여호와의 증인만 병역을 거부하는 것처럼 알려졌지만 실은 원조가 기독교인이었다.

그러다가 로마 황제 콘스탄티누스가 등극한다. 콘스탄티누스는 원형 경기장에서 사자에게 뜯겨 먹히던, 비참했던 초기 기독교인들의 신세를 순식간에 역전시킨다. 기독교를 사회의 주류로 만들어 버린 것이다. 때는 313년. 이게 바로 밀라노칙령이다. (그리고 80여 년 뒤인 392년 테오도시우스 황제는 기독교를 국교로 삼았다.) 이런 콘스탄티누스 대제를 미화하는 에피소드도 있다. 전쟁 중에 십자가 형상을 보고 예수를 믿게 된 사건이 대표적이다. 사실일까. 거짓말이라는 평가가 우세하다. 콘스탄티누스가 로마 제국을 통일하게 위해 사상적 수단이 필요했고, 그래서 기독교를 이용했을 뿐이라는 평가도 나온다. 사실 콘스탄티누스 본인은 신앙심이 거의 없었을 뿐 아니라 나중에 아내와 아들을 죽이는 패륜적 범죄도 저질렀다.

이 콘스탄티누스 대제를 가톨릭과 개신교 모두를 변질시킨 주체로 해석하는 학자가 있다. 바로 기독교 윤리학계의 거장인 존 하워드 요더 교수다. 그는 콘스탄티누스 때문에 기독교가 현실 권력과 결탁하게 되는 오류를 범했다고 본다. (기독교와 정치가 야합하게 되면서 파생한 논리가 있다. 이른바 고지론이다. "하나님께 영광을 올리고 이 나라가 그분의 지배 아래 있기를 바란다면, 기독교인인 내가 저 높은 자리로 가야 마땅하다"라는 논리다. 기독교인이 사회 고위층이 돼야 기독교 국가가 되며 나아가 하나님 나라가 된다는 원리다. 부시와 이명박이 그런 경우였다. 과연 그들이 집권했을 때 하나님 또는 하나님의 원리가 세상을 통치했던가.

기독교와 세속 권력이 제휴하는 이런 위험한 상황에, 신학자 아우구스티누스는 전쟁을 정당화하는 결정타를 날린다. 이른바 '정의로운 전쟁 이론'을 편 것이다. 물론 아우구스티누스는 전쟁을 합리화하면서도 전제 조건을 달았다. 평화를 위한 전쟁이어야 한다는 것이다. 즉 침략에 맞서는 전쟁이어야 합당하다는 설명이다. 또한 전쟁을 하려는 지도자에게 정당성이 있어야 한다는 것이다. 광기 어린 독재자가 전쟁을 해서는 안 된다는 지적이다. 마지막으로 적을 사랑하는 마음에서 전쟁이 이뤄져야 한다는 것이다. 이게 말처럼 쉬울까. 게다가 적과의 사이에서 이루어진 약속은 준수해야 하고, 비전투병의 안전은 도모돼야 하며, 민간인을 상대로 한 학살 약탈 방화는 금기시돼야 하고, 성직자는 전쟁에 동원될 수 없다는 '조건'도 있다. 그러나 그런 '예외'는 마치 주먹만 한 구멍이 뚫린 제방과도 같았다. 주먹 크기, 아무것도 아니다. 하지만 둑은 다르다. 그 구멍으로 물이 봇물처럼 터져 나오게 되면 붕괴되는 것은 시간문제다. 전쟁은 죄악일 뿐이지 거기에 '정의로운'이라는 수식어를 붙인들 소용없다. 그 이후 기독교는 최악의 살육전으로 기록되는 전쟁마다 신의 이름으로 참여한다.

십자군전쟁, 두말할 거 없다. '어떻게 성지가 이교도에게 점령당할 수 있는가' 하는 의문에서 시작된 전쟁 아닌가. 십자군은 예루살렘을 점령하고 그곳에 살던 주민들과 유태인들을 모조리 학살했다. 영국 국교회에 반대한 청교도가 북아메리카 대류으로 건너가 원주민을 살육한 청교도전쟁, 이보다 앞서 중남미로 건너가 원주민을 학살한 가톨릭교도 콜럼버스의 난, 게다가 독일 천주교도들이 개신교 박멸 작전을 시작하면서 시작한 30년전쟁, 또 다른 개신교·가톨릭 전쟁인 위그노전쟁도 빼놓을 수 없다. 그래서 4세기부터 21세기에 이르는 거의 모든 전쟁이 한쪽이 기독교였거나 양쪽 모두 기독교였던 경우다. 방식도 잔인함의 극치를 이룬다. 상대방의 혀를 뽑거나, 산 채로 불태우거나, 몸을 조각내거나, 물속에 빠뜨려 죽인다.

조건부긴 하나 이렇게 전쟁을 허용하면서 모든 원칙은 허물어진다. 의로운 전쟁에만 참여해야 한다는 원칙마저도 허물어졌다. 독일 교회는 나치의 전쟁에 동조했다. 일제 강점기 때 조선 교회도 그랬다. 신사 참배만으로도 하나님 앞에 엄청난 죄를 지었는데 교회 종을 녹여서 총탄을 만들어 쓰라고까지 했으니 정말 배교도 이런 배교가 없다. 평화에 관한 우리의 기준점은 아우구스티누스가 아니라, 예수여야 한다.

"'정의로운 전쟁'은 세상에서 가장 오래된 거짓말이다." 러시아 출신 지식인 박노자 교수의 이 말에 동의한다. 전쟁은 수천 년 착취와 피착취 관계 같은 사회·경제적 갈등을 덮는 도구로 사용됐다. 오랜 전략·전술 공식은 내부의 불만을 외부로 돌리라는 것이었다. 이런 본질을 감추기 위해 산업에 의해 장악된 영화와 문학 작품은 '악한'을 무찌르는 '정의로운' 행위로, 전쟁을 치장한다. 이보다 앞서 플라톤과 키케로, 맹자 등 철학자들마

저 '윤리'를 전쟁에 접목시켰다. '전쟁은 야만인을 교화한다, 또는 민주화를 촉진한다'는 말이 있다. 그렇다고 전쟁의 야만성이 상쇄될 수 있을까. 그렇지 않다. "좋은 무기는 상서롭지 못한 도구다. (중략) 전쟁에서 이긴다 해도 기쁜 일이 아니다. 많은 이들의 죽음으로 얻은 전승은 슬픈 일일 뿐, 장례식으로 기념되어야 한다"라는 노자의 말은 우리 모두 가슴에 새겨야 할 이야기다.

가톨릭 사회 교리는 그런 의미에서 개신교인에게 귀감이 된다. "전쟁은 재앙이고, 결코 국가 간에 발생하는 문제를 해결할 수 있는 적절한 길이 아니며, 지금껏 한 번도 그러지 못했으며, 앞으로도 결코 그러지 못할 것이다. (중략) 평화로는 잃을 게 아무 것도 없다. 그러나 전쟁으로는 모든 것을 잃을 것이다." "평화는 단순히 전쟁의 부재가 아니며, 적대 세력 간의 균형 유지로 격하될 수도 없다. 그보다 평화는 인간에 대한 올바른 이해를 바탕으로 하며, 정의와 사랑에 기초한 질서의 확립을 요구한다."

한밤의 체포 사건 당시의 언급만으로, 예수는 평화에 관한 자신의 입장을 간명하게 전한 셈이다. 평화는 더 강조할 여지가 없는 상식임을 예수는 이 일화로 보여 준 것이다. 예수만인가. 정의감과 동족애에서 칼을 든 모세는 인심도 명분도 얻지 못한 채 광야에서 40년간 근신했다. 평화를 극복하는, 그러니까 평화를 이길 수 있는 전쟁과 무력은 없다. 분단의 시대를 사는 기독교인에게 예수의 평화주의는 상식이자 사명이다. 평화로운 공존과 상생은 기독교인이라면 반드시 실현해야 할 답이다.

칼을 쟁기로 바꿔라

책 이름이기도 한 '칼로 쳐서 보습을'은 원래 〈이사야서〉 2장에 나온다. (보습이란 농기구로서 쟁기와 같은 구실로 쓰이는 것이다.) 〈이사야서〉 2장은 1장과 연결된다. 1장은 하나님의 긴 탄식으로 시작한다. "소도 제 임자를 알고 나귀도 주인이 만들어 준 구유를 아는데 이스라엘은 아무것도 알지 못하고 내 백성은 철없이 구는구나"라고 하는 부분이다. 하나님은 심지어 예배하러 온, 또 봉헌하러 온 사람들에게까지 "앞으로 그런 거추장스러운 일 하지 말라"라며 일침을 가한다. 또 "무엇하러 나에게 이 많은 제물을 바치느냐? 누가 너희에게 그것을 요구하였느냐? 다시는 헛된 제물을 가져 오지 말라. 다 쓸모없는 것들이다. 너희가 팔을 벌리고 기도한다 하더라도, 나는 거들떠보지도 않겠다. 너희가 아무리 많이 기도를 한다 하여도 나는 듣지 않겠다"라고 한다. 부모님께 효도하러 갔는데 '너 따위는 필요 없다. 집에 돌아가라'는 말을 듣는 격이다.

하나님에게 이 말을 들은 이사야는 언성을 더 높인다. "아! 탈선한 민족, 불의로 가득 찬 백성, 사악한 종자, 부패한 자식들.

야훼를 떠나고 이스라엘의 거룩하신 분을 업신여기고 그를 배반하여 돌아섰구나"(이사야서 1장 4절)라고 말이다. 그리고 이렇게 경고한다. "패역무도한 죄인들은 모조리 거꾸러지고 야훼를 저버리는 자들은 멸망하리라. 너희는 상수리나무에 기대를 걸었던 일을 부끄러워할 것이며 그렇게도 좋아하던 동산에 실망하리라. 너희는 잎이 시든 상수리나무같이, 물 없는 동산같이 되리라."(이사야서 1장 28~30절) 꽤 뼈가 있는 악담이다.

이스라엘, 즉 유대 나라 백성들은 어떻게 하나님의 마음을 잃었을까. 이사야가 살 당시 정치적·종교적 타락이 극도에 달했다. 역대 망조가 든 나라의 패턴을 보면 부패상이 극에 달한 경우가 대부분이었다. 그러나 대부분 높은 자, 힘 있는 자, 가진 자가 원인 제공을 했다. 유대 나라 당시 기득권 세력의 사치와 권력 투쟁은 극에 달했다. 그렇게 사회적 불평등과 구조적 악순환을 양산해 냈다. '평화'의 적은 양극화다. (부자와 가난한 자의 차이가 좁혀지기 힘들 정도로 벌어지면 반드시 사달이 나게 돼 있다. 미국에서 허리케인이 닥쳤을 때, 영국에서 청년 실업이 장기화되자 곧바로 약탈이 이어졌다.)

그렇게 유대 나라의 기틀은 무너졌다. 당연히 국방도 구멍 났다. 만만하게 보였다. 주변나라 시리아와 북이스라엘이 손잡고 유대 나라를 공격했다. 앗수르에 의해 예루살렘이 포위되기도 했다. 언제 전쟁이 다시 일어나고 적군의 공격을 받아 멸망할지 모르는 불안과 공포의 시대, 이때 사회가 잘 돌아간다면 그건 기적일 것이다. 전운이 고조됐다. 이때가 기원전 8세기였다.

당시 유대왕과 백성들의 심정은 '숲이 바람에 흔들리는 것 같이 흔들렸다'는 시적 표현으로 상징됐다. 이런 상황에서 예언자 이사야는 뭐라고 이야기했을까. "이판사판이다. 우리도 국방력을 키우자. 또 언제 적들이 몰아닥칠지 모르니 우리 모두 식량을 비축하자. 일단 살아야 할 거 아니냐"라고 말했을까. 아니다. "칼을 쟁기로 바꿔라. 창도 낫으로 만들고"라고 말했다. 쟁기와 낫으로 전쟁하자는 말일까. 아니다. 전쟁하지 말자는 이야기다. 웬 역설일까.

이사야는 아예 전쟁을 하지 않는 나라를 만들자고 주장한다. 〈이사야서〉 11장에는 이사야가 꿈꾸는 나라가 잘 그려져 있다. "늑대가 새끼 양과 어울리고 표범이 숫염소와 함께 뒹굴며 새끼 사자와 송아지가 함께 풀을 뜯으리니 어린아이가 그들을 몰고 다니리라. 암소와 곰이 친구가 되어 그 새끼들이 함께 뒹굴고 사자가 소처럼 여물을 먹으리라. 젖먹이가 살무사의 굴에서 장난하고 젖뗀 어린아이가 독사의 굴에 겁 없이 손을 넣으리라. 나의 거룩한 산 어디를 가나 서로 해치거나 죽이는 일이 다시는 없으리라. 바다에 물이 넘실거리듯 땅에는 야훼를 아는 지식이 차고 넘치리라."(이사야서 11장 6~9절)

외세에 의존했던 당시 히스기야왕이 마음을 바꾼다. 그리고 이사야에게 여호와의 도움을 구했다. 이사야는 히스기야왕의 진정성을 읽었다. 그래서 하늘을 향해 부르짖으며 기도한다. 이때 하나님이 천사를 보내 앗수르 군대의 모든 지휘관과 장수를 쓸어버렸다. 천군천사로 일망타진했다는 것이다. 만화 같은 이야기지만 평화라는 하나님의 강력한 명령을 순종했더니 이런 기적이 일어난 셈이다.

힘자랑하며 최강자로 군림한 나라치고 영원한 나라가 없다. 로마 제국, 원나라, 일본, 소련 그리고 저무는 '곽스'의 상징 미국이 그러하다. 평화를 위협하는 자는 하늘의 공적公敵이다. 예수는 주체가 누구든 이를 경계했다.

스페인 화가 파블로 피카소가 1951년 〈한국에서의 학살〉을 선보였다. 이는 노근리 학살을 비롯해 한국에서 벌어진 미국의 잔혹 행위에 대한 비판을 담고 있다. 〈한국에서의 학살〉을 보면 무방비 상태로 보이는 나체의 여성들과 순진한 아이들이 왼쪽에 서서 총구를 겨누고 있는 병사들과 대치하고 있다. 흥미로운 것은 모든 주인공들에게서 한국인이니, 미국인이니 하는 '국적'이 식별되지 않는다는 점이다. 혹자는 이를 한국전쟁과 관련된 특수성보다는 모든 폭력과 전쟁에 반대하는 피카소의 보편적 관점을 보다 더 절실히 드러내고 있다고 평가한다.

가해자와 피해자의 벽은 무의미하다. 폭력의 피해자는 누구나 아프다. 폭력의 가해자에게는 폭력이 상대를 억누르는 편리한 수단일 수 있지만, 그래서 마약과 같다. 결과적으로 누구에게도 좋지 않다. 평화가 최선인 것이다. 폭력을 배격하는 예수의 가르침이 장황하거나 미려하지 않고 단순하고 선명한 이유다.

예수는 과연 부활했는가

마가복음 16:1~8

1 안식일이 지나자 막달라 여자 마리아와 야고보의 어머니 마리아와 살로메는 무덤에 가서 예수의 몸에 발라 드리려고 향료를 샀다. 2 그리고 안식일 다음날 이른 아침 해가 뜨자 그들은 무덤으로 가면서 3 "그 무덤 입구를 막은 돌을 굴려내 줄 사람이 있을까요?" 하고 말을 주고받았다. 4 가서 보니 그렇게도 커다란 돌이 이미 굴려져 있었다. 5 그들이 무덤 안으로 들어갔더니 웬 젊은이가 흰옷을 입고 오른편에 앉아 있었다. 그들이 보고 질겁을 하자 6 젊은이는 그들에게 "겁내지 마라. 너희는 십자가에 달리셨던 나사렛 사람 예수를 찾고 있지만 예수는 다시 살아나셨고 여기에는 계시지 않다. 보아라. 여기가 예수의 시체를 모셨던 곳이다. 7 자, 가서 제자들과 베드로에게 예수께서는 전에 말씀하신 대로 그들보다 먼저 갈릴리로 가실 것이니 거기서 그분을 만나게 될 것이라고 전하여라" 하였다. 8 여자들은 겁에 질려 덜덜 떨면서 무덤 밖으로 나와 도망쳐 버렸다. 그리고 너무도 무서워서 아무에게도 말을 못하였다.

부활을 검증하다

〈마가복음〉이라는 배를 타고 예수의 바다를 따라왔다. 이제 종착점에 이르렀다. 예수의 부활, 우리에게 던져진 의문이다. 특히 16장은 8절과 9절 사이가 중대한 구분점이 된다. 〈마가복음〉은 16장이 마지막 장이다. 그런데 8절 이후부터는 나중에 덧붙여진 부분으로 보는 게 정설이다. 9절 이후는 예수가 막달라 마리아와 제자들에게 나타나 자신의 부활을 입증하고, 승천하는 모습까지 나타낸 것이다. 알렉산드리아사본, 시나이사본, 바티칸사본 같은 오래된 사본의 원본에는 9절 이후가 없다. 이런 이유들 때문에 클레멘스, 오리게네스, 에우세비오스, 예로니무스 같은 교부들은 9절 이후를 몰랐거나 무시했다. 에우세비오스는 제롬과 함께 "이것은 마가가 쓰지 않았다"라고 단정했다. 물론 반대되는 견해도 있다. 저스틴, 터툴리안, 이레나이누스 같은 교부들은 9절 이후의 구절이 〈마가복음〉 본문에 포함돼 있다고 주장한다. 그러나 소수의 견해다. 당장 〈마가복음〉 본문을 보면 9절부터 마지막 절까지 괄호로 묶인다.

결국 이런 추론이 가능하다. 〈마가복음〉에 예수의 부활 내용이 '빈 무덤' 말고는 구체적으로 적시되지 않은 것을 아쉬워했던 2세기 독자가 덧붙였다는 것이다. 어떤 보수 성향의 목사가 쓴 글이 가장 '복음적'이다. "〈마가복음〉의 마지막 부분이 마가가 직접 기록한 내용은 아닐 수 있지만 성령의 감동을 받은 다른 보조자에 의해 첨가되었고 그 전체 내용이 하나님의 말씀으로 지금까지 우리들에게 별 문제없이 받아들여질 수 있습니다."

그렇다면 이런 정황으로 예수의 부활을 의심해야 할까. 종교 철학자인 영국 옥스퍼드대학교 리처드 스윈번 교수는 2005년 "수학 공식을 통해 예수 이야기를 조명해 봤을 때 97퍼센트가 정확하다"라고 말하기도 했다. 부활의 사실 여부를 비율로 환산한 것이라고 한다. 이 사람의 말을 있는 그대로 믿는다 해도, 3퍼센트의 의심할 여지는 있다는 말이 된다. 최초의 복음서인 〈마가복음〉에서 이렇게 미적지근하게 다뤘으니 말이다.

사실상 원문이 되다시피 한 가장 오래된 〈마가복음〉 사본을 따르면 다음과 같은 추정이 가능하다. 누군가 무덤 문을 열고 예수의 시신을 탈취한 것을 의미한다는 것이다. 실제로 신학자 헤르만 라이마루스와 고트홀트 에프라임 레싱은 제자에 의한 시체도적설을 주장했다. 여기에는 반박이 뒤따른다. 로마 군인의 삼엄한 감시를 무력화하고 또 인봉된 무덤 문을 해체해야만 가능한 일이라는 평가다. 게다가 당시 제자들은 '정치적 메시아'가 될 것으로 기대하며 3년 동안 따랐던 예수가 허망하게 죽는 바람에 극심한 심리적 공황에 빠져 있었고, 나아가 몸을 감춘 시기라는 것이다. 예수의 '생환'을 두고 슈바이처는 졸도설로 규정했다. 예수가 실제 사망한 게 아니라 실신한 것이고, 실신한 상태에서 무덤에서 깨어나 제자 앞에 나타났다는 것이다. 그러나 예수의 죽음은 의심하기 힘들어 보인다.

한정건 고려신학대학원장이 리 스트로벨의 《예수는 역사다》를 요약한 내용에서 보자. "책에 부검 의사였던 알렉산더 메드럴 박사는 다음과 같이 말한다. 예수님은 이미 전날 밤 쇳조각이 붙은 채찍에 맞아 많은 피를 흘려 거의 '저혈량성 쇼크(피가 모자라서 의식 불명 상태에 빠짐)'에 들어간 상태였다. 십자가 나무에 못 박힐 때에 손목 두 뼈가 만나는 가운데에 못질을 했을 것이다. 손바닥에 못을 박아 달면 손이 찢어져 몸이 지탱할 수 없기 때문이다. 그런데 두 뼈가 지나는 그 사이는 큰 중추 신경(척골 신경)이 지나가는 곳인데 그 신경을 손상시켰기 때문에 고통은 극심했을 것이다. 발에도 못이 박히고 십자가에 달렸다. 십자가 위 수직으로 달린 상태에서 숨을 들이쉬었다가 내쉴 때에 횡격막을 올려야 하므로 발에 힘을 주어 몸을 세워야 한다. 그때 발에 박혀 있는 못이 발을 더 깊이 찌른다. 이것을 반복하면서 점점 발에 힘을 가할 수 없게 되고, 호흡수가 줄어들면서 희생자는 호흡 산독증酸毒症에 걸려 죽게 된다. 예수님의 죽음은 호흡 산독증 때문이었다. 사형을 집행하는 로마 군인들은 전문가들이었다. 그들이 볼 때에 예수가 죽었다는 것에 의심의 여지가 없었기 때문에 다리를 꺾지 않았다. 예수님이 일부러 죽은 체하려고 숨을 오래 참을 수 있는 상황이 아니었다. 만약 기절했다가 살아났다 하더라도 어떻게 못 박혔던 발로 걸어 나갈 수 있었겠는가? 더구나 무덤 입구에는 커다란 돌로 막혀져 있었지 않았는가? 창에 찔렸던 그 상태의 몸으로 어떻게 그 돌을 옮겨낼 수 있었겠는가? 그 모든 것이 불가능하다. 예수는 죽었던 것이 분명하다."

'십자가에서의 죽음, 그리고 부활'이라는 모든 성서의 일치된 내용이 거짓말이 아니라면 그의 죽음 후의 무덤 매장은 역사적 사실로 규정된다. 사실 기원후 95년경에 나온 《유대고대사》에서도 예수의 고난 후 부활이 언급된다. (이 언급이 기독교인에 의해 후대 가필된 것이라는 주장도 있다.)

기독교의 공인 이후로 예수의 역사적 전기가 조작됐다는 주장도 광범하다. 티모시 프릭이 쓴 《예수는 신화다》가 대표적이다. 〈한겨레신문〉 유신재 기자의 글을 통해 핵심을 보자. "인간의 몸을 가진 신이자 구세주. 아버지는 하나님, 어머니는 인간 처녀. 12월 25일생. 물을 술로 바꾸는 기적을 행하고, 세상의 죄를 대신 짊어지고 나무 또는 십자가에 매달려 죽었다가 사흘 만에 부활해 하늘로 올라간 이. 신도들이 그의 몸과 피를 상징하는 빵과 포도주로 그의 죽음과 부활을 기리는 의식을 행하고, 마침내 최후의 날 심판자로 돌아올 이. 예수뿐만 아니라, 고대 이집트의 오시리스, 그리스의 디오니소스, 소아시아의 아티스, 시리아의 아도니스, 이탈리아의 바쿠스, 페르시아의 미트라스가 모두 위의 조건을 충족시킨다." 성서 속 예수가 지중해 일대에 널리 퍼져 있던 신화를 짜깁기해 창조한 가공의 인물이라는 이야기다. 풍부했던 이런 '설'들이 로마의 기독교 공인 직후 귀신같이 사라졌다는 점을 감안했을 때 예수 부활의 사실성을 신뢰하기 어렵다는 것이다.

사실 계몽주의 시대 이후 합리성과 과학성을 잣대로 성서를 파헤친 시도에 대해 무조건 궤변 혹은 불신앙이라고 규정해서는 안 된다고 생각한다. 슈바이처가 보는 예수의 죽음을 살피자. 〈한겨레신문〉 조현 기자가 《인류의 영원한 고전 신약성서》라는 책을 쓴 성서학자 정승우 박사를 인용해 전한 슈바이처의 말이다. "예수라는 한 젊은이가 굴러오는 역사의 바퀴를 단신으로 막아섰다. 그런데 역사의 거대한 수레바퀴는 그대로 굴러 이 젊은이를 압살하고 말았다. 그런데 이상한 일이 벌어졌다. 살해된 그의 시신에 그 바퀴가 그대로 붙어 돌아갔는데, 그것이 점점 커지고 커져서 마침내 굴러가던 바퀴를 정지시켰을 뿐 아니라, 그것을 반대 방향으로 전환시켰다." 부활을 부인한다기보다, 육체 부활에 중심 가치를 두려는 행태에 반기를 들었던 것이다.

성서든, 성서를 '거짓'이라 하는 이들의 주장이든 그 내용을 과학적으로 검증하는 작업이 절실하다. 신약 성서학자인 김창선 박사는 "역사적 예수에 대한 관심이 사라질 때, 기독교는 왜곡되어 정치의 시녀로 변질될 위험이 커지게 된다"라고 우려하면서 든 예가 기막히다. 나치 시대인 1930년대 당시 독일 교회는 예수가 유대인이 아니었고 북방 인종에 속하는 아리아족 출신이라고 주장했다고 한다. 덮어놓고 맹신하는 믿음은, 기득권들로 하여금 그네들의 권력 기반을 공고히 하는 데 이용되기 좋다는 설명이다. 목사에 대한 신화화 그리고 절대 순종은 우매한 신앙에서 잉태된다. 신앙에 있어 불필요한 듯 보여도 반드시 필요한 것이 바로 지성이다.

부활을 믿는 이유

나에게 부활을 믿느냐고 묻는다면 믿는다고 대답하겠다. 기독교 공인 이후 로마의 조작과 윤색이 가해진 정황이 있어도, 예수 생애 직후에 나온 모든 증언은 일관되게 부활 사실을 증언한다. 모두가 조작이고, 집단 착란에 빠진 것이라는 전제에 설득돼야 이성적인가. 그렇다 해도 죽은 사람이 살아났다는 점이 당대인들의 증언만으로 석명釋明될 수 있느냐는 반박도 있다. 그래서 부활에 대한 믿음은 신앙의 영역이 된다.

내가 예수의 부활을 붙잡는 이유는, 이것이 역사를 살아가는 약자의 유일한 지지대라는 점 때문이다. 당시 예수는 약자들의 희망이자 기대였다. 예수가 혁명을 이룰 지도자라고 믿었다. 지금도 그렇지만 그때도 세상은 강자만이 승리하고 독식하는 구조였다. 정의가 승리하는 것이 아니라 승리하는 게 정의가 되는 세상이었던 것이다. 이런 상황에서 예수가 부활하지 않았다면 약자들에게는 희망이 사라졌을 것이다.

예수의 고난과 부활에 관한 담론은 수 세기에 걸쳐 사실인지 아닌지에 천착돼 왔다. 부모의 사랑은 간과한 채, 그 부모가 내 혈육이 맞는지 아닌지 하는 문제로 허송세월하는 것과 같다. 예수 부활 논쟁은 모든 논란의 블랙홀이었다. 부활을 의심하면 불경으로, 또 부활을 긍정하면 광신으로 규정된다. 가수 조영남은 이런 말을 했다. "부활 승천 사건은 우리에게 그저 믿을 것이냐 아니냐 양단 간의 결정만을 요구한다. 예수의 열두 제자들이나 철인 파스칼처럼 자리를 박차고 일어나 부활 사건을 만방에 증거할 것인가, 아니면 톨스토이나 슈바이처 박사나 불트만이니 틸리히처럼 종교의 신앙심 안에서만 따로 부활을 믿겠노라고 고백할 것인가, 이도저도 아니면 카뮈나 사르트르 혹은 러셀처럼 아예 고개를 돌려 버릴 것인가."

물론 나는 덮어놓고 기독교에 냉소를 퍼부었던 이들을 이해할 수 있다. 수 세기에 걸쳐 기독교가 신앙과 권력으로 하나가 됐기 때문이다. 15세기까지 신앙은 선택이 아닌 강요였고, 배교는 감금과 화형으로 다스릴 중죄였다. 종교가 하나의 권세였다. 지식인과 철학자들에게 기독교는 저항과 대적의 상대였을 뿐이다.

이런 뼈아픈 과거를 목도하고도 여전히 종교는, 특히 개신교는 한층 더 권력화되고 있다. 말하자면 '하나님 나라'가 마치

'기독교인의 권력 장악'인 것으로 오도한다. 조지 부시와 이명박의 집권은 그렇게 신화화됐다. 양식 있는 신앙인은 이를 온몸으로 거부해야 옳다. 거꾸로 기독교는 예수가 그랬듯이 탄압받고 고통을 겪는 사람들의 편에 서야 한다. 그래야만 기독교의 순수성과 가치가 영속할 수 있다.

예수의 죽음을 정의해 보자. 예수의 생애를 우리는 어떻게 봐야 할 것인가. 갈릴리에서 하나님 나라를 선포한 것부터가 도발이었다. 중심은 예루살렘이었고, 갈릴리는 변두리였다. 예수는 가난하고 못 배우고 병든 자들, 심지어는 유대인에게 배척당한 사마리아인까지 끌어안으며 복음을 선포했다. 그 자들은 요즘 사회에서 흔히 말하는 '패배자'였다. 선택받은 백성이라고 여겨지던 유대인이나 바리새인이 아니었던 것이다. 이 또한 도발이었다. 그리고는 성전을 뒤엎었다. 모든 종교적 권위의 상징인 성전에서 난동을 피운 것이다.

예수는 죽음 또한 도발이었다. 정연복 한국기독교연구소 편집위원의 해석을 인용한다. "1세기 팔레스타인에서 성전은 죄의 용서를 독점하는 기관이었다. 이런 상황에서 '예수는 죄를 위한 희생제물이다'라고 말하는 것은 성전의 독점권에 대한 거부, 즉 '우리는 성전이 불필요하다. 우리는 성전 없이도 하나님께 나아갈 수 있다'라는 성전 반대 선언이다. 우리는 '예수의 피에 의한 속죄론'을 포기해야 할 것이다. 이것은 더 이상 받아들일 수 없는 신화다." 그들은 예수를 죽였지만, 예수는 자신의 죽음마저 약자를 위한 제물로 쓰게 했다. 그리고 모든 이들의 죄를 사하고야 말았다. 예수는 죽음으로써 모든 종교적 제의와 권한을 독점하는 시도를 깨끗이 부정하고 무력화했다.

그로 인해 구원의 은혜를 입은 이들이 지금 하는 일은 무엇인가. 휘장을 재건해 세상과 교회 사이에 막을 세우고, 복음을 독점하며, 권력을 탐하고 있지 않은가. 그래서 예수를 '죽었다가 사흘 만에 살아난, 신기神技의 소유자'로 격하시키고 마는 것이다. 예수를 한낱 도깨비로 만드는 '부활 신앙'은, '부활은 신화다'라고 격하하는 이들의 태도만도 못하다.

〈히브리서〉 13장 12~13절이다. "이와 같이 예수께서도 당신의 피로 백성을 거룩하게 만드시려고 성문 밖에서 고난을 당하셨습니다. 그러므로 우리도 영문 밖에 계신 그분께 나아가서 그분이 겪으신 치욕을 함께 겪읍시다."

이에 대한 정승우 박사의 해석이다. "〈히브리서〉는 예수가 처형당하고 70년이 흐른 뒤에 쓰인 문서이다. 그런데 지금 누가 성문 밖에 있다는 것일까? 부활한 예수가? 〈히브리서〉 저자는 지금 로마 제국에 의해 고문당하고, 옥에 갇히고, 처형당하는 초기 기독교인들의 현장이 바로 성문 밖이라고 호소한다. 즉 수난의 현장이 바로 부활한 예수 그리스도를 만나는 자리라고 역설하는 것이다. 부활한 그리스도를 '계속적인 현존'으로 체험하는 장소는 민중들의 고난과 연대하는 그리스도인의 공동체라는 것이다."

예수의 고난과 부활은, 그것이 사실인지 아닌지의 여부로 그 가치를 매길 것이 아니다. 여전히 고난받는 이들이 넘쳐나는 세상 속에서 과연 예수를 대리한다는 목사라는 자들이 고난받는 자들에게 삶의 의욕과 소망을 부여하고 있는지를 주목해야 한다. 주일에 교회에 나와 예배하는 것에 그치는 신앙이 아니라, 예수가 찾아와 끌어안은 이들이 지금 여기에서는 누구인가를 성찰하고 예수 대신 그들을 품어야 하는 것이다. 박노해의 시 〈가만히 두 손 모아〉의 일부분을 보자. 이 시에서 '그 사람'은 예수를 칭한다.

"집 없이 추운 이여
그 사람도 집이 없었습니다

노동에 지친 이여
그 사람도 괴로운 노동자였습니다

인정받지 못하는 이여
그 사람도 자기 땅에서 배척당했습니다

배신에 떠는 이여
그 사람도 마지막 날 친구 하나 없었습니다

쓰러져 우는 이여

그 사람도 영원한 현실 패배자였습니다"

나는 예수의 부활을 믿는다. 정의가 승리하는 게 아니라 승리하는 게 정의인 시대, 예수의 부활이 없다면 잃어버린 자들에게는 희망이 없다. 다시 말해 촌에서 자란 블루칼라 청년이 로마 제국과 그 끄나풀의 절대 권력 앞에 굴하지 않고, 무기와 재력 또 세력이 아닌 평화의 이름으로 싸워 이기는 이 위대한 반전극이 허구요, 가식이라면 이것만큼 절망적인 게 없다. 신앙에 앞서 의지적으로라도 의지하고 싶은 게 바로 부활이다.

그러나 예수의 부활이 또 다른 지배와 착취, 정복의 언어로 오염되고 있다. 너무나 큰 회한과 분노를 품지 않을 수 없다. 예수는 누군가에게 규정됐을 돌팔이 의사, 사채업자, 선생팡이 아니다. 예수와 그의 부활을 자기들의 필요에 따라 종교와 문명, 정치 이데올로기에 가두는 일은 더 이상 없어야 한다. 예수가 죽는 순간까지 잊지 못하고 사랑했던 약자의 품에 설 수 있도록 해야 한다. 그게 복음 아니겠는가.

홍수가 끝나고, 하나님이 노아에게 무지개를 비추며 '인류에 대한 사랑의 증거'라고 했다. 예수의 부활은 고되기도 하고 또 오랜 시간이 필요하지만, 정의가 꼭 승리한다는 징표다. 그런 의미에서 그의 부활을 믿는다. 또 기다린다.

예수를 돌아보다

"일제에 맞서 민족의 독립을 위해 싸우는 생사를 건 자리에서부터 군부 독재에 맞서 민주화를 이루는 피비린내 나는 현장까지… 기독교는 중추적 역할을 다해 왔다." (한국 기독교 역사 100선 〈기독교, 한국에 살다〉, 한국기독교교회협의회)

나는 이런 주장에 동의할 수 없다. 국권 상실기, 한국 기독교는 뜬금없는 회개 운동으로 독립운동의 기운과 활력을 뺐다. 신사 참배라는 우상숭배를 범했다. 분단을 부추기며 민족상잔의 비극을 조장하기까지 했다. 독재에 협력하다 못해 부역했다. 시민 학살의 주범자를 축복하기도 했다. 부패와 비리에 눈감았다. 기득권이 축소될 것 같으니 바퀴 달린 십자가를 끌고 거리를 휘저었다. 피시방에서는 권력자를 위해 '십알단(십자군 알바단)'의 기수가 되어 사이버 전쟁을 벌이기도 했다. 예수의 몸과 영혼에 침을 뱉고 상처를 입힌 그 자들이 이렇게 부활해 한국 기독교 130년 역사를 오욕으로 물들게 했다.

2013년 가을, 경악할 사건이 벌어졌다. 교회 안 십자가가 있을 자리에 박정희의 초상을 놓고 찬양한다. 박정희가 누구인가. 일제 시기 민족을 배반한 친일 군인 아닌가. 국가의 비극적인 전쟁 와중에도 내란을 꾀했고, 4·19혁명을 계기로 국민이 만든 민주헌정 질서를 파괴해 권력을 찬탈한 형법상 사형 대상자가 아닌가. 실체적 위협의 대상이라며 정치·경제·사회·언론·문화계 인사를 끌어내리고 굶기고, 가두고, 때리고 심지어 죽이지 않았던가. 국가에 봉사하는 대통령직을 총통쯤으로 알고 딸뻘 되는 여자를 곁에 두고 호사를 누리지 않았던가. 그런 민족적·국가적 반역자를 추모하다니. 그가 기독교인이었는지 또 기독교에 공헌했는지 여부는 관심이 없다. 그러나 그 고결한 예수의 십자가는 범죄자의 얼굴에 가릴 존재가 아니다.

그 자리에서 목사랍시고 면을 내세운 자들은 여지없이 '박정희 때문에 밥술 뜰 수 있었다'라는 주장을 한다. 면밀히 따져 보자. 집권한 다음, 땅값을 평균 100배로 올려놓았다. 물가는 연평균 16.5퍼센트 상승했다. 게다가 독재를 했다. 경제 성장을 했다면 불로 소득자의 재산을 불려준 정도다. 설령 그 주장이 백 번 천 번 옳다고 치자. 한홍구 교수는 이것이 박정희의 군사 반란과 헌정 질서 파괴, 인권 유린과 정보 정치(언론 보도의 자유를 억압하는 정치)를 용서할 수 있는 이유가 된다면 일본 제국주의도 비판해서는 안 된다고 못 박는다. 일제뿐 아니라, 아돌프 히틀러도 이오시프 스탈린도, 베니토 무솔리니도, 심지어는 김일성도 일정 기간 동안에는 놀라운 경제 성장을 거두었으니 더 이상 문제 삼아서는 안 된다고 말한다. 그러면서 박정희의 비교 대상은, 독재를 하고도 경제를 성장시키지 못한 우간다의 이디 아민이나 중앙아프리카의 장베델 보카사, 버마의 우 네 윈 같은 독재자들뿐이라고 덧붙인다. (한홍구가 누락한 사람이 한 명 있다. 대한민국 전 대통령 이명박이다.)

목사들이 정녕 먹고사는 문제를 해결한 것을 가치 있게 본다면, 전태일 열사 같은 이름 없고 힘 없고 못 배우고 가난했던 산업화의 진정한 주역인 노동자들에게 그 공을 돌려야 마땅하다. 그들은 환풍구 없는 골방에서 피를 토하며, 낮은 임금에도 쉬지 않고 일했던 이들이다. 교양과 의식이 있다면 역사에도 눈을 돌려야 한다. 총을 든 순사들 앞에서도 태극기를 들고 나가 '대한 독립 만세'를 외쳤던 백성들, 집과 가족을 등지고 조국 해방을 위해 상하이와 충칭, 만주로 나가 싸웠던 백성들, 한국전쟁 당시 나라를 지키기 위해 불려 나간 백성들, 4·19혁명 당시 부정 선거에 항거하고자 거리로 나선 백성들, 광주민주화운동 당시 죽음을 각오하고 전남도청을 끝까지 사수하려 했던 백성들, 그리고 물대포와 체포, 생계 박탈이라는 가혹한 탄압에도 촛불을 들고 나섰던 2008년 초여름의 백성들……. 역사는 이 백성들에 의해 진전되고 있다. 누가 뭐라고 해도, 주변의 시선이 따가워도 묵묵히 민주주의를 지키고자 싸웠던 이름 없는 백성들, 공명심 따위는 버리고 조연도 마다하지 않던 백성들이 있었기에 이 나라의 희망은 단절되지 않고 있는 것이다. 예수에게 마이크가 주어진다면 박정희를 칭찬할까, 이름 모를 백성들을 칭찬할까.

박정희 추모 예배는 상징적이다. 그것은 한국 기독교 보수 기득권 세력의 숨겼던 발톱이자 민낯이었다. 마음속에 숨은 본성을 드러낸 것이다. 미디어가 총체적으로 장악되니 무슨 반응이 나오건 언젠가 잠잠해질 일이라 판단했을 것이다. 무소불위의 권력이 좋으며, 이는 하나님의 방법과 다르지 않다고 떠벌릴 지경이다. '하나님도 독재하셨다'는 말이 그렇다. 아울러 '하늘에 계신 박정희 대통령'이라는 주장도 나왔다. 인간의 사후 운명을 도대체 누가 예단할 수 있는가. 그 주권이 자기들에게 있다는 말인가. 입 아프게 '예수 안 믿으면 지옥 간다'고 떠들어 놓고는 왜 비非신자 박정희에 대해서만은 주장의 앞뒤가 다른가. 예수는 안 믿었어도 먹고살게 해 줬으니 구원을 받았다는 건가. 그렇지 않다면 어찌 그런 논리가 형성된다는 말인가. 우상 숭배에서 나아가 신성 모독의 경지에 다다랐다. 우리는 이런 자들이 그 숫자도 허황된 '1,200만 기독교인의 대표'를 참칭하고 다니는 현실에 유의해야 한다.

어쩌다 한국 기독교는 이 지경이 됐는가. 우선 목사의 문제다. 이성과 지성을 무시하고 덮어놓고 예수만 믿으면 된다고 하지 않았나. 이런 거 저런 거 따지지 말자고 하니 그리 된 것이다. 그렇게 해서 넙죽넙죽 '아멘, 아멘' 하던 교인들 추임새가 일종의 엑스터시가 된다. 그러다가 대학 진학률이 높아지고, 절차적 민주화가 직선제 개헌으로 궤도에 오르면서 상황이 급변한다. '머리가 커진' 교인이 그 수를 늘려 가면서 곳곳에서 파열음을 야기하는 것이다. 신학 대학에서 축적한 얄팍한 지식으로 수십 년 우려먹은 게 지적 밑천의 전부인 상당수 목사들이 이들의 고차원적 가치 세계를 어떻게 지배할 수 있겠는가. 그나마 유일하게 '세상을 비추는 창'이 되어 주는 신문은 가진 자의 대변자 노릇만 하고 있으니 약자의 고충을 들을 수 있는 길이 전무하다. 그러니 늘어나는 건 목청과 쇼맨십, 정치에 대한 한눈팔기 정도다.

예수를 돌아볼 때다. 하나님 아들의 위용을 잊고 그 안에서 한 맥을 이루는 예수의 청년 정신에 주목해야 한다. 예수는 단 한 번도 타협하지 않았다. 대제사장, 율법학자, 바리새인과 공유지를 만들지 않았다. 당대 최고 기득권자에게 굴복하지 않았다. 또, 예수는 혁명가였다. 계급과 이력, 성별과 나이를 따지지 않고 모든 이들에게 구원과 사랑을 전했다. 이것이 없었다면 복음은 지금도 유대인의 전유물이었을 것이다. 아울러 예수는 자기를 앞세우지 않았다. 이적을 베풀면서 자랑하지 않고 간절히 구하는 자의 믿음을 격려했다. 시혜가 아닌 보편적 권리로써의 은혜를 선포한 것이다.

오늘날 한국 종교 기득권자들은 일제와 독재 권력, 자본가와 수시로 타협했다. 형식과 규율에 사로잡혀, 예수의 진리를 시대적 대의와 지성으로 재해석하기는커녕 성서의 문자와 어구 하나하나에 권위를 싣고, 오탈자마저 신성시하는 또 다른 우상 숭배를 서슴지 않고 있다. 그리고 자기 자신을 복음에 빚진 죄인이 아닌 예수의 대리자로 격상하며 온갖 헤게모니를 한 손에 쥐려 한다. 이런 기형적인 시각으로는 예수를 온전히 볼 수 없다. 예수가 사회적 불의에 눈감으라고 했던가. 또 예수가 사람을 차별하며 봉헌을 많이 한 사람, 사회 기득권층을 우대하라고 했던가. 아울러 예수가 자기 자리를 대체할 지도자를 세워 섬기고 따르라고 했던가. 예수를 우상화해서는 안 된다.

공부하면서 예수를 믿자고 말하고 싶다. 많은 이들은 왜 하나님이 자신에게 지성과 양심을 주었는지 고찰하지 않고, 덮어놓고 믿으면 된다고 생각한다. '오직 예수.' 그들이 오용할 때 자주 쓰는 표현이다. 성찰 없는 '오직 예수'가 숱한 종교 전쟁을 일으켰다는 사실도 그들에게는 관심 밖 사안이다. 신학, 역사, 철학, 문학 등 특히 신의 존재를 회의懷疑하는 모든 낱말들에 직면해야 한다. 선대 연구가들의 고민이 나의 생각보다 깊지 않다면 그 이론을 외면해도 된다. 그러나 어디 그러한가. 그 과정이 너무나 고통스러운 줄 안다. 나도 그랬다. 그런데 구도자의 길을 걷고 또 걷다가 그 끝에서 예수를 만났다. 예수는 디베랴 호숫가에 있었다.

지름 40킬로미터, 한 바퀴 돌면 마라톤 완주 거리쯤 되는 이 호수에서 예수는 나를 대신해 베드로와 재회한다. 이미 베드로를 비롯한 예수의 제자들은 뿔뿔이 흩어졌다. 그들이 고대했던 메시아로서의 예수의 모습은 온데간데없었다. 허망한 죽음, 고난과 절망, 실패한 자의 초라한 모습이었다. 그들은 예수의 시신을 건사하지도 않고 제각각 생계의 터전으로 돌아갔다. 그 마음에는 허탈감보다는 공포감이 더 컸을 것이라 추정된다. 예수의 제자는 반란의 동조자였기 때문이다. 예수는 살아서 베드로를 만났다.

"요한의 아들 시몬아, 네가 이 사람들이 나를 사랑하는 것보다 더 나를 사랑하느냐?" 베드로는 예수를 알아봤다. 성서에는 구체적인 지문이 나오지 않았지만, 아마 한참 뒤에 그것도 아주 낮은 목소리로 말하지 않았을까 생각된다. "예, 주님. 아시는 바와 같이 저는 주님을 사랑합니다"라고 답한다. 예수는 "내 어린 양들을 잘 돌보아라"라고 일렀다.

예수는 똑같은 질문을 한다. "요한의 아들 시몬아, 네가 나를 정말 사랑하느냐?"라고. 베드로는 전혀 새롭지 않게 "주님. 아시는 바와 같이 저는 주님을 사랑합니다"라고 대답했다. 아주 괴로운 마음으로 겨우 입을 열었을 것이다. 이때 예수는 또 다시 "내 양들을 잘 돌보아라"라고 이르렀다.

이게 끝이 아니었다. 또 "요한의 아들 시몬아, 네가 나를 사랑하느냐?"라고 물었다. 이 무렵 베드로가 폭발한다. 거듭되는 질문에 겨우 지키던 감정이 무너진 것이다. "주님, 주님께서는 모든 일을 다 알고 계십니다. 그러니 제가 주님을 사랑한다는 것을 모르실 리가 없습니다"라고 말했다. (디베랴에서의 예수와 베드로의 만남 이야기는 후대에 가필됐다는 설, 부활 예수를 베드로와 만나게 한 지점은 베드로를 으뜸된 사도로 추대하기 위한 기획된 이야기라는 설이 뒤따른다.) 〈요한복음〉 21장에 나오는 내용이다.

그 구도의 끝에서 우리는 예수의 진심을 만날 수 있다. 인간의 지혜와 능력으로는 다 기록할 수 없었을, 찬송가의 가사마냥 '하늘을 두루마리 삼고 바다를 먹물 삼아도' 형언할 수 없을 그 진심을 말이다. 걱정하지 말라. 아무리 연구하고 또 공부해도 예수로 인해 실망할 일은 없다. 예수에 대한 허황된 분칠이 지워지는, 고정관념이 해체되는 과정에서 오는 낭패감 정도는 있을지 몰라도. 그럼에도 우리는 예수의 신심을 알아야 한다. 그의 이름을 빙자한 권력화된 구조를 잊어야 한다. 모든 기독교인에게는 이런 각성이 필요하다. 아울러 비非기독교인도 예수의 정신을 헤아려야 한다. 정의와 평화, 사랑이 넘치는 세상을 만드는 일에 기독교인과 비기독교인의 차이가 무슨 소용이란 말인가.

디베랴에서 만난 예수는 여전히 우리에게 말한다. "내 양들을 잘 돌보아라"라고. 우리에게 양은 무엇이며, 잘 돌보는 행위란 무엇인가. 그것은 묵고默考하고 답을 찾는 것 그리고 실행에 옮기는 것이다. 그것이 바로 신앙이다.

참고한 책들

강인철, 《한국의 개신교와 반공주의》, 중심, 2007.
고병권, 《니체의 위험한 책, 차라투스트라는 이렇게 말했다》, 그린비, 2003.
교황 베네딕토 16세, 《나자렛 예수》, 김영사, 2010.
권정생, 《우리들의 하느님》, 녹색평론사, 2008.
김경태, 《웃으며 살자구요》, 두란노, 1994.
김두식, 《교회 속의 세상, 세상 속의 교회》, 홍성사, 2010.
김두식, 《칼을 쳐서 보습을》, 뉴스앤조이, 2002.
김명수, 《역사적 예수의 생애》, 한국신학연구소, 2004.
김용철, 《삼성을 생각한다》, 사회평론, 2010.
김진호, 《리부팅 바울》, 삼인, 2013.
김진호, 《시민 K, 교회를 나가다》, 현암사, 2012.
김진호·백찬홍·최형묵, 《무례한 자들의 크리스마스》, 평사리, 2007.
도올 김용옥, 《기독교 성서의 이해》, 통나무, 2007.
도올 김용옥, 《도올의 도마복음 이야기 1》, 통나무, 2008.
레슬리 뉴비긴, 김기현 옮김, 《복음, 공공의 진리를 말하다》, SFC출판부, 2008.

로렌 커닝햄, 문효미 옮김, 《벼랑 끝에 서는 용기》, 예수전도단, 2004.
미셸 푸코, 오생근 옮김, 《감시와 처벌》, 나남출판, 2003.
미셸 푸코, 이규현 옮김, 《광기의 역사》, 나남출판, 2003.
미야타 미쓰오, 양현혜 옮김, 《국가와 종교》, 삼인, 2004.
박노해, 〈가만히 두 손 모아〉, 《그러니 그대 사라지지 말아라》, 느린걸음, 2010.
박총, 《욕쟁이 예수》, 살림, 2010.
박태식, 《마르코 복음》, 바오로딸, 2012.
베네딕트 데 스피노자, 김호경 옮김, 《신학 - 정치론》, 책세상, 2002.
브루스 윌킨슨, 마영례 옮김, 《야베스의 기도》, 디모데, 2001.
손규태, 《하나님 나라와 공공성》, 대한기독교서회, 2010.
앙드레 지드, 오현우 옮김, 《좁은 문》, 문예출판사, 2004.
엔도 슈사쿠, 공문혜 옮김, 《침묵》, 홍성사, 2003.
우치무라 간조, 김유곤 옮김, 《우찌무라 간조의 로마서 연구(하)》, 크리스챤서적, 2002.
움베르트 에코, 이윤기 옮김, 《장미의 이름》, 열린책들, 2002.
유시민, 《국가란 무엇인가》, 돌베개, 2011.
이현주, 《예수에게 도를 묻다》, 삼인, 2005.
이현주, 《이 아무개 목사의 로마서 읽기》, 삼인, 2006.
정양모, 《마르코 복음서》, 분도출판사, 1981.
조영남, 《예수의 샅바를 잡다》, 나무와숲, 2008.
조지프 나이, 홍수원 옮김, 《소프트 파워》, 세종연구원, 2004.
조철수, 《예수 평전》, 김영사, 2010.
존 도미니크 크로산, 김준우 옮김, 《역사적 예수》, 한국기독교연구소, 2012.
존 버니언, 유성덕 옮김, 《천로역정》, 크리스챤다이제스트, 2001.
존 스튜어트 밀, 서병훈 옮김, 《자유론》, 책세상, 2005.
짐 월리스, 정성묵 옮김, 《하나님의 정치》, 청림출판, 2008.
찰스 셸던, 조항래 옮김, 《예수라면 어떻게 할 것인가》, 예찬사, 1982.
최규창, 《고통의 시대, 광기를 만나다》, 강갈은평화, 2012.
카렌 암스트롱, 정영목 옮김, 《축의 시대》, 교양인, 2010.
표도르 도스토옙스키, 김연경 옮김, 《카라마조프 가의 형제들》, 민음사, 2007.
한국기독교역사학회, 《한국기독교와 역사 제24호》, 한국기독교역사연구소, 2006.
한홍구, 《대한민국사 3》, 한겨레출판, 2005.